主体性とは何か？

QU'EST-CE QUE LA SUBJECTIVITÉ?

ジャン＝ポール・サルトル〔著〕

澤田直・水野浩二〔訳〕

白水社

主体性とは何か?

目次

❖凡例

本書はJean-Paul Sartre, *Qu'est-ce que la subjectivité ?*, édition établie et préfacée par Michel Kail & Raoul Kirchmayr, Postface de Fredric Jameson, Les Prairies ordinaires, 2013. の全訳である。

原書では、サルトルの講演は改行が少なく、段落は全体に長めであるが、読みやすさを考慮して、新たに改行を行なった。また、前書き、講演には、新たに小見出しをつけたが、これは訳者によるものである。

本書でのサルトルの他の著書をはじめ、引用される書籍に関しては、既訳を参照しながら、新たに訳した場合もある。また、既訳を用いた場合も、文脈の関係で一部を修正して使用した場合もある。

原書でイタリック体で強調された部分には傍点を付した。

訳者による補記には〔 〕を用いた。

原注は( )で番号を括り、訳註は＊マークと番号を付して、該当語の下に明示した。

注記はそれぞれ通し番号とし、すべて巻末にまとめて収録した。

意識と主体性

ミシェル・カイル／ラウル・キルヒマイヤー

サルトルは一九六一年十二月、グラムシ研究所の招きによりローマで講演をおこなった。彼は前年の四月に大部の哲学書『弁証法的理性批判』を刊行したが、そこでは、ある逆説的な評価に基づいて、マルクス主義と対峙していた。マルクス主義は停滞している[1]、かつ、マルクス主義は現代の乗り越え不可能な地平である[2]と評価していたのである。

なぜこの講演はパリではなく、ローマでおこなわれたのだろうか。サルトルは一九五二年以来、共産党の「同伴者」の役割を担ってきたが、五六年にソ連がハンガリーに軍事介入したことを非難して、この役割を放棄した。それ以来、サルトルがフランス共産党から招かれる可能性はほとんどなくなった。一方、イタリア共産党は、文化や知的活動における開放性に配慮しており、サルトルの著作にも常に関心を払っていた。政治学者マルク・ラザール*1が強調する事実によれば、フランス共産党が知識人にせいぜい専門家としての役割しか与えなかったのにたいして、イタリア共産党は知識人が政策の決定に介入することに積極的だった。「たとえば冷戦期のように、党指導部と知識人とのあいだで一時的な相克があったとはいえ、学者たちの思索、とりわけグラムシ研究所の枠内で展開された思索は、党の政策の立案に貢献した。党指導部の近くにいたこれらの知識人(多くの場合、哲学者や歴史家)の存在によって、党の中枢において理論的討議や文化的討議が活発におこなわれた(3)」。とりわけ、ローマのグラムシ研究所は、「党指導部にとってはまさに思考実験室(4)」の役割を果たしたのである。したがって、このような研究所が『弁証法的理性批判』の著者の話を聞こうとしたのは、もっともなことだと言えよう。

ルカーチとの対決

サルトルは講演の冒頭から、マルクス主義的分析の中心に主体性*2を据え、主体性が失った活力を取り戻させようという意欲を明確に示している。同時に、ルカーチにたいする厳しい批判をも展開している。ルカーチの主著『歴史と階級意識』(一九二三年)は、当時も現在も、主体性の復権という課題に応えてくれるものとして読まれていたにもかかわらずである。

ルカーチは、サルトルの思索において、間違いなく大きな位置を占める思想家である。『方法の問題』において(5)、サルトルは、ルカーチの著作『実存主義かマルクス主義か』(6)(一九四八年)に言及している。もっともサルトルは誤って『実存主義とマルクス主義』として引用している(この書き間違いをここで指摘することは興味深いし、おそらく意味もあろう）。この著作においてルカーチは、凡庸な手法で、実存主義のうちに、とりわけサルトルの実存主義のうちに、ブルジョワジーが自らの正統性を確保するために用いたイデオロギー的武器にほかならない観念論の新たな転身を見て、告発する。ルカーチは、立証することなく、あらゆる科学主義を否定し、実在の本質は静的には捉えられず、ただその進化においてのみ捉えられるのだとして、得々として非機械論的唯物論を展開する。だからといって、彼の考察は全面的に機械論を免れてはいない。というのも、進化の各段階は意識によって受動的に反映されているにすぎないからである。

しかし、一九六〇年代から七〇年代にかけて、フランスの読者は、むしろ『歴史と階級意識』(7)のほうに関心を寄せていたことは思い起こしておく必要があろう。この作品は、哲学的質から言えば、『実存主義かマルクス主義か』とは比較にならないほど重要なものであり、フランス語版の序文筆者は、『歴史と階級意識』を、カール・コルシュの『マルクス主義と哲学』(8)と並べて、「マルクス主義の呪われた書物」として紹介している。ルカーチとコルシュは、正統マルクス主義のみならず、社会民主主義者によっても、修正主義、改良主義、観念論だと非難され、同じような激しさで糾弾されたのである。ルカーチとコルシュに向けられた批判は、科学主義や自然科学の客観主義への盲目的信奉に起因する、とコスタス・アクセロスは指摘するが、こうした信奉は、真理とは、表象と表象の外部にある対象との一致だとする通俗的な実在論的定義によって支えられている。

ルカーチの企図は、社会的実践（*praxis*）と階級闘争とが繰り広げる社会的・歴史的経験の全体性（*totalité*）を捉えることであった。そのような過程の理解に役立つカテゴリーが、媒介（*médiation*）である。媒介とは、事実性のうちに絡め取られている直接性と生成する全体性とのあいだに絆をもたらし、永続的乗り越えを可能にするものである。「意識されている全体意志」を備えている〈党〉は、理論と実践とを統合する能力があり、プロレタリア階級の意識のゲシュタルト（*forme, Gestalt*）を決定する能力がある。それゆえルカーチは、物象化の分析に熱心に取り組む。物象化はあるところのものすべてを商品に変え、あるところのものすべてを「合理主義的な擬客体性」ないしは「観念論的な擬主体性」に割り振る。こうして、人間の生産によって生み出された全体性としての世界は、意識にたいしてよそよそしいものとして立ちはだかることになる。資本主義的生産様式が物象化を極めたいまや、プロレタリアートは〈党〉の力によって、物象化を終わらせる役目を担うのである。

「階級意識」(9)と題されたテクストで、ルカーチは客観的可能性（*possibilité objective*）という観念を導入し、次のように述べている。「意識を社会の全体性と関係させることによって、発見できる思想や感情がある。それは、ある一定の生活状態のうちで人びとが、この状態や、この状態から生じる利害を、直接行動とのかかわりにおいて、また——この利害に対応する——社会全体の構造とのかかわりにおいて完全に理解することがもしできていたならば、彼らがもちえたであろう思想や感情である。つまり、彼らの客観的な状態に即した思想などである」(10)。著者が説明するところによれば、このような状態が現われる回数は限られている。だが、その際に、生産過程のなかの一定の類型的状態に基礎づけられ〔負託されており〕(adjugée)、それに合理的に適合する反応があり、それこそが階級意識にほかならない。この階級意識こそが総体(totalité)としての階級の歴史的に意味をもつ行動を規定しているというのだ。したがって階級意識を個々のプロレタリアの心理学的意識やプロレタリア全体の心理学的意識と混同しないことが大切である。なぜなら、階級意識とは、「階級の歴史的状態の意味が意識されたもの」(11)のことだからである。階級意識は負託(*adjudication*)の論理に属する。階級意識は階級の利害によって「責任を負わされた」(12)のである。この論考の冒頭の銘文として、ルカーチはマルクス゠エンゲルスからの引用を掲げているが、それはサルトルによっても参照されるものである。「あれやこれやのプロレタリアが、あるいは全プロレタリアートそのものが、さしあたり何を目的としておもいうかべているかが問題ではない。問題は、プロレタリアートが何であるか、また彼の存在におうじて歴史的に何をするように余儀なくされているか、ということである」(13)。

このような分析をとおして、ルカーチは「俗流マルクス主義者」を非難することになる。彼らは、社会の本質についての了解がプロレタリアートのみにとって決定的な武器であるということを理解していない(ところで、プロレタリアートのみにとってと言えるのは、階級意識がプロレタリアートにたいして果たす「比類のない役割」のおかげである)。すなわち、この理解によって、プロレタリアートは社会をその中心から首尾一貫した全体として把握できるようにさせるのであり、同時に、中心的な仕方で行動できるようにさせるのである。プロレタリアートの階級意識は、理論と実践とを和解させるのだ。

メルロ゠ポンティは、サルトルをきわめて激しく批判した著作において(14)、ルカーチのこのテーゼを好意的に扱い⒂、称賛し、さらには、ルカーチは論争相手に抗して、「主体性を随伴現象にしてしまうことなしに歴史に合体させるようなマルクス主義」⒃を堅持しようとしたとまで言う。

われわれがここまでおこなってきたルカーチ思想の要約と、メルロ＝ポンティのこの判断はサルトルも承認するようなものであろうし、そうだとすれば、サルトルは、ルカーチのうちに、主体性の思想家を、つまり、客観的条件なるものを弁証法的運動へと移し替えて事足れりとするような類いのマルクス主義への敵対者を、認めることになったはずであろう。サルトルが、停滞したマルクス主義を主意主義的観念論と診断するルカーチの的確さに着眼しており、また、意識と全体性というテーマ設定を二人が共有しているからなおさら、そうであるはずなのだ。

「非－知」と「なるべきである」

にもかかわらず、サルトルがルカーチにたいして留保を付けるのだとすれば、この留保はいったいどこから来るのだろうか。サルトルは、本講演で、主体性の特性を、〈非－知(non-savoir)〉と〈なるべきである(avoir à être)*3〉という二点から呈示している。この二つの特性は、『自我の超越』(一九三六年)および『存在と無』(一九四三年)の読者にはなじみ深いものであり、サルトルの著作に霊感を与えた直観の驚くべき連続性が認められるだろう。

なぜ〈非－知〉が強調されるのか。それは、主観の哲学によって意識の特徴だとされる反省から、その特権的地位を奪うためである。サルトルによれば、意識とはその定義からして自己意識であるが、それゆえに、非反省的自己意識なのである。反省的自己意識は間欠的であって、反省的瞬間と反省的瞬間のあいだには、無意識的意識という不条理があることを認めなければならないのだ。換言すれば、自己意識とは自己認識のことではない。〈なるべきである〉とは、そのような実存者としての意識の存在様相である。主体は存在するが、意識はいかなる存在によってももたらされない。なぜなら、サルトルが注意を喚起するように、意識は絶対であり、実存という絶対だからである。意識とはひとつの主体の意識などでは決してない。というのも、もし意識がひとつの主体の意識であるなら、間違いなく意識は主体の存在を反映するという機能しかもたなくなってしまうからである（主観哲学において、自己意識は必然的に反省的〔反射された〕自己意識である、つまり、主体の存在に立ち戻る意識である）。意識は主体の意識ではない。なぜなら、サルトルが構想した概念の枠組みでは、意識とは主体の概念に取って代わるものだからである。いや、このような言い方は不正確だ。意識は主体の場を占めにやってくるわけではない。むしろ、意識は、主観の哲学が創案した地理学を作りなおすのである。サルトルが一定量の主体性を暗い客観主義的な環境に注入したなどといういい加減な指摘をする批評家たちは、以上の点をまったく考慮に入れていないのだ。

〈なるべきである〉というテーマによって、サルトルの考察は断固たる反自然主義的見解*4となる。このような見解はすでに、ボーヴォワールによって、その主著『第二の性』において、体系化され、徹底的に深く掘り下げられたものである。ここで注意すべきは、サルトルの〈なるべきである〉がアリストテレスの可能態〔潜勢態〕と現実態〔現勢態〕という図式に組み込まれないことである。この図式によれば、ひとつの可能的なものがあらかじめ定立されていることになり、その可能的なものは、現実化を除いて存在の諸決定のすべてを備えているとされる。この可能存在は、有名な四原因説のうちの形相因によって担保され、ひとつの本質を持っていることになる。「或る物がありうるために必要なすべてのものの第一義的な内的原理は本質である」[17]からである。ところで、本質主義は、必然的なもの、現実的なもの、可能的なもののあいだに特有の分節を求める。本質が可能存在を限定しているがゆえに、可能存在とは存在の原理にほかならない。可能存在は権利上も、事実上も第一のものである。かくして、現実的なものは媒介という役割に閉じこめられる。現実的なものとは中間者であり、そこにおいて必然的なものがその結果を繰り出し、それによって、必然的なものと可能的なものの一致が顕わになる場なのだ。現実的なものの役割は〈効果を上げる〉という役割、すなわち、潜在性の現勢化の機会という役割に限定される。サルトルはこれにはっきりと反対する。「即自存在は〈潜勢においてある〉ことはできないし、〈潜勢(力能)をもつ〉こともできない。即自は、その同一性の絶対的充実においてそれがあるところのものである。雲は〈潜勢における雨〉ではない。それはそれ自体としては若干量の水蒸気であり、その水蒸気は、一定の温度や一定の気圧において、厳密にそれがあるところのものである。即自は現勢においてある」[18]。したがって、世界に可能的なものがあるためには、自らの力により自分自身の可能性である存在、つまり対自存在、すなわち意識によって、可能的なものが世界に導入される必要がある。

本講演において、主体性の唯物論的な身分規定を定義するとき、サルトルが〈非-知〉、すなわち前反省的自己意識と、〈なるべきである〉とのあいだの関係を明らかにすることに腐心していることは、たいへん示唆的である。「これこそ、われわれの考える、主体性の本質的性格の一つめです。すなわち、主体性が定義上、意識の水準においてさえも〈非‐知〉であるのは、個人すなわち有機体が、自らの存在になるべきものだからです」[19]。したがって、可能性には二通りある、とサルトルは続ける。第一の可能性は、純粋な物質的体系の（極端な）ケースのように、自分が物質的存在であるということ、すなわち、欠損はただそこにあるということである。第二の可能性は、実践のケースのように、自己維持を目指して全体を変えることに努めるというあり方である。二つの可能性のあいだには、内面性の条件が存する。つまり、全体とは、脅威にさらされているときに保つべき所与の何かではない。むしろ、全体は、けっして決定的なあり方では与えられないのだから、不断に保つべき何かなのだ。

全体化の途上にある全体

このようにサルトルは、一方で、内面性が条件であることを、他方で、全体がなるべきものであることを提唱する。つまり、有機的全体の場合であっても、全体とは常に全体化の途上にある、というのだ。この二つの提言から引き出されるのは、内面性のうちに、「条件づけられた‐条件づけるもの（conditionnant-conditionné）」と呼びうるものを認めるということである。それが条件づけられたものであるのは、与えられていない全体が永続できるのが、全体を構築することと一体をなしているにすぎないなんらかの傾向性によって全体が賦活《ふかつ》されるときのみのことだからである。「じっさい、全体とは内面化の法則であり、絶えざる有機化の法則です。有機体というものはまずは、全体というよりは全体化である、と言いかえてもよいでしょう。全体とは、一種の主導的な自己制御であり、全体化としてのこの内面化を絶えず引き起こしています。全体化は、混乱や変化を引き起こす外的なものを統合することによって生じます。半盲症の人はその一例です[20]。結局、全体とは一般的欲動にほかなりません。換言すれば、欲動と欲求は一体をなしています。まず、諸々の欲求があるのではなく、ひとつの欲求＝必要があるのであり、それは存続の必要性としての有機体それ自身なのです」[21]。内面性に影響を与えるこの条件づけを、決定論の言葉で理解してはならない。そんなことをすれば、全体は限定されており、全体が内面性に一定の内容を与える、と仮定することになってしまう。そうではなく、むしろ、〔この条件づけは〕進行中の全体化として継続されることを目ざして、内面性に、それどころか、内面化の過程に訴えることとして理解されるべきなのだ。他方、それが条件づけるものであるのは、全体というものが、全体化の絶えざる途上にあるがゆえに、内面化の過程のおかげで存在しうるにすぎないからである。それゆえ、〈なるべきである〉と、内面化と、全体化は、まったく同義語であり、実存の次元に属している[22]。「ところで、この実践的・弁証法的統一性は、集団につきまとい、おのれの統合への努力そのものによってその統一性を否定するように集団を決定づけるものなのだが、これこそまさしく、われわれが他のところで実存と呼んでいるものなのだ」[23]。

イタリア知識人たちとの対話

おそらく以上に提示した基本原理だけで、本講演の意義と現代性は十分に評価されうるだろう。それゆえ、サルトルの立論をめぐって、出席したイタリアの知識人たちと交わした討論を付け加えることは、意義深い。彼らのなかで現象学者たちだけがサルトルに最後までついてゆき、サルトルの発言の論点を完璧に理解している。たとえばヴァレンティーニの発言がその例だ。だが、大部分の人は、サルトルの哲学的言説に間違いなく関心をもっていながらも(もう一度言うが、それはフランスの共産主義者と比べれば異例なことである)、考えを改めることができない、あるいはむしろ、客観主義的姿勢を放棄することは、唯物論であるという立場の否認およびブルジョワイデオロギーへの従属を意味する、という気持ちを捨て去ることができない(24)。したがって彼らは一定量の主体主義を受け入れはするが、唯物論の客観主義的基盤を放棄することができないし、同時に、自分たちが主観と客観の二元性に囚われたままであるということを理解することができない。彼らにとって、ルカーチによって提唱されたヘーゲル的解決法は受け入れやすい。その解決法ならば、二元性の乗り越えを心穏やかに目指しながらも、二元性を信じ続けることができるからだ。周知のように、弁証法的乗り越えは乗り越えられたものを保存するからである。彼らはなぜ、かくも客観主義に執着するのか。その主たる理由は、脱自然化を掲げて、脱現実化を推進しているように見える反自然主義が引き起こす不安を和らげるためである。ところが、反自然主義とは、所与が存在しないと主張するものでは少しもなく、所与は「自然」の言葉で解釈されてはならない、と主張しているのである。さらに言えば、「自然」の言葉が用いられないほうが、所与はずっと豊かだということを強調するのである。というのも、すでに指摘したように、所与とは関係的だからである。

ルカーチの限界

ところで、サルトルから見れば、ルカーチの欠点は過剰にヘーゲル主義であることにある。客観主義を明瞭に拒否しながらも、ルカーチはあいかわらず、歴史哲学の統制的理念を用いて、歴史について考えている。歴史哲学は、カントの立論が現象を悟性のカテゴリーによって分類するように、現実の歴史を超越論的哲学の原理にしたがって整理する。歴史哲学は現実の歴史を決定的な仕方で予期するのであり、この歴史の可能性の範囲を画定するのであり、その本質性においてこの歴史なのである。ルカーチの言う「客観的可能性」という観念は歴史哲学を参照することによってのみ構築され、正当化される。そのとき主体性は、「階級意識」として呼び出されるのだが、それは、歴史哲学によって天上に記された可能性を現勢化するという名の下で、負託された、あるいは責任を負わされた意識である。ここでは、プロレタリアートの意識が問題となっているわけだが、この階級意識は、歴史哲学がプロレタリアートにあてがう可能的意識になるべきだとされる。「最も革命的な労働者でさえ、彼らの意識の水準は、プロレタリアートの真の階級意識とは切り離されており、その隔たりをけっして見逃してはならない」(25)。

ルカーチによって記述された意識のこの〈なるべきである〉は、サルトルが言う、意識の存在そのものを構成している〈なるべきである〉とはかなり異なっている。なぜなら、ルカーチの言うプロレタリアート的意識がそれになるべきものとは、意識の外にあり、意識が辿りつくべき規範だからである。それに加えて、生産過程によって割り当てられた順位のために、プロレタリアートの意識は履行を督促されているということになる。つまり、このような意識は、下部からは経済的決定論によって、上部からは可能的意識の理想によって、厳密に枠づけられている。このような意識に、自らの現実から抜け出し、自らの可能性と一致する力があるなどと、はたして想像できるだろうか。これに関して、ルカーチは「プロレタリアートの内的変革の問題」(26)として言及している。とはいえ、ルカーチが意識を閉じこめた概念的枠組は、意識に何らかの自律を示す余地をほとんど残さない。そのうえ、その著作の中心的な章である「物象化とプロレタリアートの意識」において、ルカーチは意識の活動をきわめて狭い範囲に制限してしまう(それは、彼の分析の諸前提から一貫して導き出されたものだ)。「たしかにそれはプロレタリアートによって案出されるものでも、プロレタリアートによって無から〈創造される〉ものでもなく、むしろ発展過程の総体からの必然的な結果であるが、しかし、それらはプロレタリアートの意識のなかに高められ、プロレタリアートによって実践されてはじめて、抽象的可能性から具体的現実性となるのである。しかも、この変革はけっしてたんに形式的なものではない。というのは、可能性を現実化し、傾向を現勢化することは、まさに社会を客観的に変革し、社会の諸契機の機能を変化させ、それによって個々の対象全体を構造的にも内容的にも変化させることを意味するものだからである」(27)。強調された箇所の意味と役割は、問題を立てる前に解決してしまうこと、要するに、問題を棚上げすることにほかならない。

ルカーチは、なんらかの歴史哲学を前提することなしには歴史を理解することができないし、すでに閉じられている全体性を、現勢化を待っている諸可能性の全体性を前提することなしには、歴史を理解することができないのである。このような全体性と対峙することで、主体性は必然的に古典的な主観哲学の用語、すなわち反省性の用語において理解されることになる。反省性の用語の目的とは、この全体性の存在を、弁証法的なあり方も含めて、引き受けることである。サルトルがルカーチの立論を「観念論的弁証法」と評するのは、この弁証法が現実的有効性を欠いているからである。というのも、それはあらかじめ存在する全体性を現勢化することを保証するのみであり、主体性をあらかじめ決定された過程の目撃者という役割に閉じ込めるからである。さらに、サルトルがルカーチを「主意主義的観念論」として批判するのは、主体性が導入されるのが、主体性が登場する前に歴史哲学によって設置された二つの必然性に、主体性が毅然として同意するためでしかないからである。ところが、サルトルはと言えば、意志が自由との関係において二次的なものであることを決定的な仕方で明らかにした。それゆえ、意志に大きな価値を与えることは、自由を犠牲にしてしかおこなわれえないと考えるのである。じっさい、サルトルは『存在と無』で主意主義が空虚であることを暴き出している(28)。

以上、理論的な次元で確かめたことを、政治的次元によって裏打ちしてみよう。

ブルジョワジーの特権

ブルジョワジーは解放をもたらす階級として登場し、世襲によって貴族に与えられていた特権に難癖をつけた。とはいえ、ブルジョワジーは特権を一蹴したわけではない。

ボーヴォワールは『特権』の「はしがき」において次のように言っている。「これらの論考は、さまざまな時期と状況に書かれたものだが、いずれもいかにして特権者はおのれの状況について考えることができるかという同一の疑問への回答である。昔の貴族階級はこの問題を知らなかった。彼らは自分たちの権利を擁護していたし、それを正当化することなど考えずに行使していた。それにたいして、新興ブルジョワジーは自分たちの解放に都合のよいイデオロギーを思い描いた。支配階級になった新興ブルジョワジーは、過去の遺産を放棄しようとは考えもしなかった。しかし、どんな思考も普遍性を目指すものである。特殊な優位性を普遍的な仕方で正当化することは容易ではない」[29]。普遍的なものを目指す態度によって、ブルジョワジーの支配的立場の正当性に不確実性がもたらされるのだ。かくして、自らの自己意識を啓蒙主義哲学の普遍主義に結びつけ、解放者たらんとするブルジョワジーの使命と、特殊で利己主義的なおのれの関心を充たそうとするブルジョワジーの支配的立場とのあいだに矛盾を見て告発したくなるかもしれない。だが、それは解放の論理にたいして、解放がもたらす結果以上のことを期待するものだろう。この論理はダブルスタンダードであり、解放者によって自由を与えられるに値する男女にたいしてのみ適応され、その際の判断の基準は解放者に帰属するからである。つまり、有資格者が自由を受け取るのだが、自由は与えられた性質という位置づけであり、なるべきである意識の存在という位置づけではない。したがって、解放された者は二重の意味でsujet〔主体＝臣下〕なのだ。すなわち、自由(解放によって与えられた道具)を行使できる〔主体的〕存在であるという意味と、かつてなら王の臣下としての封臣、今の場合なら解放者に従う者、隷属者という意味である。その意味で、解放者が自らの特権を保持することは解放の論理に合致する。解放の規範は主観哲学の「主体」と同じ概念のネットワーク上にあるのだ。というのも、「主体」は性質ないしは属性の支持体とされているのだが、自由もこのような属性の一つと見なされているからだ。解放者は主体にたいして自由を贈与することができる。それはちょうど選挙の当選者が献身的な協力者の上着の襟に功労章をつけてやるようなものである。かくして、自由は意志の地位にまでおとしめられ、主意主義の無力さに封じ込められるのだ。

このような論理が攪乱されるためには、新たな論理、自己解放の論理に訴える必要があろう。新たな論理はその哲学的前提として反自然主義を要求する。というのも、(自己)解放される存在は、解放の過程において、かつ解放の過程によって構成されるからであって、先に見た解放の例のように、解放を目指す解放者の意志によっても、なんらかの歴史哲学によって予告された可能性においても、先取りされていないからである。もっと厳密に言えば、新たな論理は反自然主義的唯物論(matérialisme anti-naturaliste)を必要とするのであり、これこそがサルトルが構想していたものであった。この反自然主義的唯物論においては、唯物論的次元によって搾取の状況が特定され、非自然主義によって自由の行為は諸可能性を描き出すことができる。この二つの契機は時間的に前後するのではなく、同時に呼び出されるものである。マルクス主義は、唯物論の問題そのものを立てる契機として捉えられるかぎりにおいて、乗り越え不可能な地平を形成しているが、サルトルが警告するように、唯物論がその全成果をもたらすには、徹底的な反自然主義的立場から着想を得なければならない。唯物論的哲学が自由の哲学というおのれの使命に忠実であるためには、主体性をしばしば拒絶するマルクス主義的有機体に主体性を接ぎ木するだけでは十分ではなく、主体性に関する反自然主義的な理解にもとづいて唯物論を改めて根拠づけねばならないのである。

本書について

サルトルは、一九六一年十二月十二日にローマで、グラムシ研究所の主催により講演をおこない、十二、十三、十四日にはイタリアの知識人たち（共産党員および、イタリア共産党シンパ）と討論が交わされた。講演はこれまですでに二つの形で出版されている。一つはイタリア語で、「主体性とマルクス主義（Soggettività e marxismo）」[30]という題名で、雑誌『あれかこれか（*Aut Aut*）』（一三六〜一三七号、一九七三年七月〜十月）に掲載され、もう一つはフランス語で、「一九六一年のローマ講演――マルクス主義と主体性（La Conférence de Rome, 1961. Marxisme et subjectivité）」[31]という題名で、サルトル自身が創刊した雑誌『レ・タン・モデルヌ』（五六〇号、一九九三年三月）に掲載された。これらの二つのバージョンは、それぞれ別個に、サルトルの講演の録音からの書き起こし原稿に基づいて作成されたものであり、『あれかこれか』の編集者たちはそこからイタリア語に翻訳した。

『レ・タン・モデルヌ』誌に本講演を掲載する際に、私（ミシェル・カイル）も同様に、ハンガリーの哲学者サボ*5（Tibor Szabó）によって託された書き起こし原稿を利用したが、その際に読みやすさを考慮して、若干の変更を施した。二つのテクストの間の相違はきわめて少なく、相対立する解釈を引き起こすものではない。

草稿がもはや存在せず（あるいは、見つからないままであり）、講演の録音テープも散逸してしまったため、本書は厳密にはサルトルのテクストとは呼べまい。それでも、立論およびテーマ設定から言って、紛れもなくサルトルの作品である。

すでにイタリア語とフランス語で公刊されているこの講演を、なぜいま新たに出版するのか。それは、すでに述べた二つの雑誌掲載以降に、新たな資料が発見されたためだ。それは、サルトルの講演に続いておこなわれた討論（十二月十二日終日、十三日の午前と十四日の午前）の書き起こし原稿である。パーチ（Paci）、ルポリーニ（Luporini）、ロンバルド・ラーディチェ（Lombardo-Radice）、コレッティ（Colletti）、デラ・ヴォルペ（Della Volpe）、ヴァレンティーニ（Valentini）、セメラーリ（Semerari）、ピオヴェーネ（Piovene）、アリカータ（Alicata）、カルドナ（Cardona）の発言と、サルトルの応答が含まれている(32)。明らかに、論争相手のイタリア人の多くは、フランス語で発言した――いくつかの稀なケースとして、発言者がイタリア語で話すことに関してサルトルに許しを乞う場合もあった。つまり、このイタリア語で残されている討論部分の書き起こし原稿の大半は翻訳だということだ。われわれは、そこから新たにフランス語へと訳し戻したわけだが、その際に、かなり混乱している文章をそのまま訳すのではなく、元の意図を尊重するかたちで訳出したことをお断りする。

紙幅の問題があり、討議をすべて収録することはしなかった。発言はサルトルの立論を明らかにし、さらにはそれを発展させるのに寄与するかどうかを基準に取捨選択した。したがって、この基準に照らして、イタリアの知識人に固有の論争ないしは脱線と思われる発言は割愛した(33)。

マルクス主義と主体性

ジャン＝ポール・サルトル

この講演で問題にしたいのは、マルクス主義哲学の枠組のなかで考える主体性の問題です。つまり、マルクス主義を構成する諸原則と諸真理から出発したときに、はたして主体性は存在するのか、関心となりうるのか、それとも単に、人類の発展に関する大いなる弁証法的研究の埒外に置かれるような諸事象の総体にすぎないのか、ということを検討したいのです。ここでルカーチを例として明らかにしたいことは、マルクスの両義的なテクストを誤読した場合、どのようにして、観念論的弁証法と私が呼ぶことになるものが、すなわち、主体を考慮しない弁証法が生み出されるのかということであり、また、このような立場がマルクス主義的知の発展にとってたいへん危険であるということです。

最初にお断りしておくと、当面、主体〔主観〕と客体〔客観〕については触れず、客観性と客体化、主体〔主観〕性と主体化を問題にします。というのも、主体そのものは、別の問題、より複雑な問題だからです。ただ、頭の片隅においていただきたいことがあります。主体性といった場合に問題となっているのは、後に見るように、内的活動のある種の類型《タイプ》、あるシステム、内面性におけるシステムなのであり、主体には直接関わらないということです。

マルクス主義哲学をごく表面的に考察した場合、それに汎客観主義という名前を与えたくなるでしょう。つまり、マルクス主義の弁証法家は、まずは、客観的現実にしか関心を持たないように思われるということです。じっさい、マルクスのきわめて深遠なテクストのいくつかは、間違ってそのように解釈されてきました。たとえば、『聖家族』のようなよく知られたテクストがそうです。「あれやこれやのプロレタリアが、あるいは全プロレタリアートそのものが、さしあたり何を目的としておもいうかべているかが問題ではない。問題は、プロレタリアートが何であるか、また彼の存在におうじて歴史的に何をするように余儀なくされているか、ということである[*6]」[34]。ここでは、主体的なものは、それ自体いかなる関心も引きえない表象の側に置かれているように思われます。つまり、深奥なる現実は、プロレタリア階級がブルジョワ階級の破壊者となる過程《プロセス》なのであり、プロレタリア階級が現実にその担い手となることを強制する過程なのだ、というわけです。「現実に」とは、「客観的に」「事実において」ということです。別のテクストではこの傾向はさらに助長されているように見えます。主体的なものは、まったく消え失せており、主体なり個人の集まりに属するような表象においてさえも重要性を持たないように思われるからです。

たとえば、『資本論』[35]を思い出してみましょう。そこでは、経済的諸関係は、まず表面に、その現実の存在のうちに現れ、そのあとで、表象のうちに現れるものとされており、そうした表象をとおして経済的諸関係の担い手や行為者は明瞭な観念を作り上げる、とされています。ただし、経済的諸関係の完成した形態は、そうした観念とはまったく異なったものであり、じつは、内的で本質的だが隠されている形態とは反対のものであり、『資本論』が描いた経済的次元において経済的諸関係に対応するはずの概念とは反対のものです。この点はきわめて明白であり、だれもが了解できます。しかし、表現の両義性に騙されてしまう人もいます。ルカーチもそのひとりです。それは、主体性が完全に消えてしまうように見えるためです。じっさい、このテクストにおいて、外観は経済的状況や経済的過程によって生み出されるがゆえに、根底*7と同じぐらい客観的で、現実的だとされているのです。

ルカーチ批判

物象化を例に説明します。物象化とは根底に属する要素ではなく、根底によって、すなわち、資本の過程によって生み出される要素です。商品の物神化も同様です。商品の物神化により、商品は、それが根底においては持っていない特性を持っているかのように見えてきます。商品のこの物神化は、資本の過程の直接の帰結のように見えます。したがって、われわれが商品を物神化されたものと見るとき、また、マルクス主義理論によって教えられているにもかかわらず、われわれが買おうとしているしかじかの商品が物神化されていると捉えるとき、さらには、商品を物神と見なすとき、われわれは、現実によって要求されていることをしているだけです。というのも、ある水準では、商品は客観的にも現実的にも、物神化されているからです。

その場合、おわかりのように、主観的現実は完全に消え去るように見えます。というのも、経済関係の担い手は、経済関係を自分が置かれている水準で実現しなければならないかのごとく、経済関係を実現するからであり、経済関係の担い手が経済関係についていだく観念は、経済関係を実践*8がおこなわれる水準そのものにおいて反映することに限定されているからです。つまり、商人と購買者はそうした直接的水準において、そうした商品を物神化されたものとして捉えることになる。たとえ経済学者やマルクス主義者が、別の水準で、この物神化がじっさいに資本の過程《プロセス》に基づいた変換であることに気づいているとしてもそうなのです。このために、ルカーチなどは、客観的弁証法に従って、まったく客観的な階級意識の理論を提出することになるのです。たとえ彼が主体性から出発するとしても、それは、もっぱら主体性を、誤りの源泉ないしは単に不適切な現実化と見なされる個人的主体へと連れ戻すためでしかありません。とりわけ、ルカーチによれば、階級意識には、進度や、明瞭さや、曖昧さや、矛盾や、有効性に程度の違いがあるとされますが、その理由はといえば、当該の階級が生産の本質的な過程に直接属しているか、間接的に属しているかということによります。たとえば、小市民《プチブル》の場合、階級意識は客観的に見て、曖昧で不明瞭なままで、ルカーチが説明する理由のために、真の自己意識にまで至ることはけっしてない。一方で、プロレタリアートは、生産過程の最も深いところに組み込まれているので、自分の労働という現実によって、全面的な階級意識の獲得へと導かれることができる、とされます。

この考え方に従うなら、客観主義によって主体性はすっかり消え失せてしまい、それによって、われわれは観念論に、弁証法的観念論に陥ることになります。おそらく、それは物質的条件から出発する観念論でしょうが、それでも観念論にちがいありません。ところで、マルクス本人なり、マルクス主義なりがこのように考えているなどということはまったくありません。深遠であるがゆえに両義的ではありますが、これらのテクストは、あたかも汎客観主義がまさにマルクス主義の目標であるかのように解釈されるものではありません。そのことはとりわけ『経済学批判への序説』などのテクストにあてはまります。マルクスはこう書いています。「およそどの歴史的、社会的科学の場合にもそうであるように、経済学的諸範疇の歩みの場合にも常に銘記されねばならぬことがある。すなわち、主体、ここでは近代ブルジョワ社会は、現実界と同様に頭のなかでも与えられているということ、したがって、諸範疇は、この特定の社会の、この主体の実在(existence)の諸形態や、実在の諸規定を、しばしばただその個々の面だけを、表現しているということ、したがってまた、近代ブルジョワ社会は、科学的に見た場合でも、それとして問題になってから始まるのではけっしてないことである」(36)。

全体的人間

もちろん、ここでいう「実在(existence)」は、実存主義、あるいは実存主義的意味における実存(existence)を意味していません*9。テクストが向かおうとしていない方向へ引きつけるつもりはありませんが、それでも、このテクストはわれわれを全体的人間へと差し向けているのです。ところで、全体的人間とは何でしょう。

ご存じのように、若きマルクスのテクストにおいて――そして、それはマルクスが後に再び取り上げるテーマでもあるのですが――全体的人間とは、欲求＝必要（besoin）*10、労働（travail）、享受（jouissance）という三つの項からなる弁証法によって定義されます。したがって、マルクスによれば、生産の弁証法の総体を理解したいと思うなら、いずれにせよ第一に、根底に戻る必要がある。そして、その根底である人間とは、欲求をもち、欲求を満たそうとする人間、すなわち労働によって自らの生を生産し、再生産しようとする人間、そして、そこから帰結する経済的発展におうじて、程度の違いはあれ、不完全であったり、減退したり、全面的である享受に至る人間のことです。

ところで、この三要素を考察するとき、それらはどれも、現実的人間が、現実的社会なり、自分を取り囲む物質的存在なりと結ぶ関係、すなわち、自分ではない現実《レアリテ》〔実在〕と結ぶ厳密な関係を規定していることが一方でわかります。つまり、それは人間と物質的世界との綜合的関係であり、また、そうした関係における、そうした関係による、人間同士の媒介された関係なのです。言い換えれば、まさにこのテクストにおいて、人間の現実というものは、なんらかの超越的なもの*11との関係、なんらかの彼方との関係、自らの外部にあり、また目の前にある何かとの関係だとされている。人にはおのれならざる何かが必要です。有機体には酸素が必要です。これはすでに環境との関係、超越との関係です。人間は、自分の飢えを満たす道具を得るために労働し、経済的発展に依拠する何らかの形で自己の存在を再生産します。ここでもやはり、欲求＝必要は他所にあるものであり、また、享受は、欲求＝必要が求めているものを内的作用によって取り込むこと、つまり、まさに外的存在を取り込むことです。

したがって、マルクスがこの三項によって明らかにする基本的関係は、外部の存在との関係、つまり、われわれが超越性と呼ぶ関係です。つまり、これら三つの特性は一種の「何かへ向かっての自己の炸裂*12」を引き起こしますが、同時に、自己への送り返し、自己への取り戻し(reprise)も引き起こす。このようなものとして、三項は客観的に記述されうるし、特定の次元において、知の対象となりうる。だが、それらは知の対象でありうると同時に、何かへと遡行的に送り届けもする。その何かとは自らを保ちつつ自らを否定し、自らを乗り越えるひとつの自己のようなものです。あるいは、マルクスの用語を用いて、次のように問うこともできるでしょう。労働が生の再生産による客観化であるとして、労働によって客観化されるものとは何か。欲求＝必要によって脅かされているものとは何か。享受によって欲求＝必要を取り除くものとは何か、と。答はもちろん、実践をおこなう生物有機体です。あるいは、主体性がここでの関心なのですから、あえてそのような語を用いるとすれば、心身統一体です。こうして、ここで、その内面性によって直接的認識から逃れるひとつの統一体を捉えることになります。後ほど詳しく述べることにします。

知と非‐知

さしあたって言いたいことはこうです。労働がなんらかの道具を使って実行されるとしましょう。その場合、なんらかの目的に向かって状況を実践的に乗り越える統一性〔統一体〕がなければなりません。ゆえに、いくつかの認識が前提されているわけです。目標と手段の認識、材料の性質の認識、道具の惰性的要求（exigence）[13]の認識、そして資本主義社会においては、労働の場所である工場や、諸規範の認識などです。このように、そこにはひとつの全体的な技術的知があると言える。こういった認識はすべて有機的知の対象になる。と同時に、実践的知の対象にもなります。訓練によって獲得される認識もあるのですから。しかしながら、道具を手にしたり、材料を利用したりするために取らねばならない姿勢そのものは、まるで認識を必要としない。ましてや、ある姿勢を保つことを可能にする筋肉、骨、神経組織などを名指す必要はない。言い換えれば、知を逃れる何かによって支えられている客観性〔客体性〕がある。それは認識されないのみならず、場合によっては、認識することが行動の妨げにさえなる。よく知られた例があります。階段を降りているとき、自分が何をしているのかを認識したり、ある瞬間に意識的になって、自分の行動を決定し、その行動にたいしてなんらかの手段によって働きかけたりすると、つまずいてしまう。なぜなら、その行動にはもつべき特性などないからです。

　このことからわかることがあります。社会における分業が機械にまで及ぶ場合でさえ、したがって、半自動機械が労働者に細分化された仕事を強いる場合でさえ、労働者に求められる最も単純な動作は、身体の認識を生み出さない動作である、ということです。実行すべき動作は示されうるが、移動や、姿勢の変化や、部分による全体の変化といった有機的現実は、直接に認識に属すものではない。なぜでしょう。それは、結局のところ、人にはある種のシステムがあり、それには、後ほど検討する種々の理由によって、〈非-知〉が構成的部分として含まれているからであり、また、諸部分はもはや超越性においてではなく、内面性において発展し、規定されることになるからです。

内面性と言いましたが、ここで問題の所在をより明確にするために、「内面性のシステム」という表現に明瞭な定義を与えましょう。ひとつの物質システムが、内面性をもっているとか、実在世界においてある領域を画定しているとされるのは、部分間の相互関係が、諸部分と全体との関係を経由する場合を言います。逆から言えば、まとまりとしての総体が、諸部分が相互に築いている関係に介入するという意味においては、全体とは諸部分の総体にすぎません。ところで、人間が内面性のシステムとしての有機体だと認めるとしても、人間が同時に非有機的であることを忘れてはなりません。人間を細胞の総体と見なすことはもちろん可能ですが、人間を非有機的システムとして扱うことも正当なことです。たとえば、人間という有機体の八〇から九〇パーセントは水分であると言うとき、われわれは自分を非有機的次元において考察しています。あるいはまた、力学的な諸力の対象であるかぎりにおいて、人間は非有機的であり、非有機的世界に位置づけられています。したがって、こう言えるでしょう。有機的なものとは、自然において非有機的なものに付加される特定の事物の総体のことではなく、ある種の非有機的総体の特殊な身分なのだ、と。この身分は、外的なものを内面化することと定義されるでしょう。つまり、有機体とは、内面性の関係という形式で生きるということですが、それは物理化学的総体《まとまり》とも捉えられるということです。それはあたかも物理化学的総体がそれだけでは十分に決定されないかのようであり、また、あたかもある種の領域、ある種の分野においては、外在性のうちにある物理化学的総体が内面にあるなんらかの法則によって決定されうるかのようであるのです。

二つの外在性

したがって、少なくとも最初は——後で再検討しますが——外在性は二種類に区別できます。一方に、内部の外在性、こちら側の外在性、手前の外在性というものがあります。この外在性は、有機体という身分《ステイタス》がそこに付加されるものであり、したがってわれわれの有機体的身分の下にあるもので、死ぬことでわれわれがそこへと送り届けられるような外在性です。他方に、あちら側の外在性があります。この外在性に対応するのは、有機体が、自らの有機体としての身分を維持するために、労働の対象として、また欲求や充足の手段として目の前に見出す事物です。したがって、三項からなる弁証法がある。この点を見失ってはなりません。つまり、有機体が外在的なものをどのように内面化するかを記述する必要があるわけですが、それは、有機体がもつ能力、つまり労働の行為や欲求の決定の機会である超越的存在のうちへと自らを再外在化する能力を理解するためです。だとすれば、内面性と呼ばれる契機はひとつしか存在しません。それは一種の媒介作用であり、超越的存在の二契機のあいだを媒介するのです。ただ、この二契機がそれ自体として常に区別されていると考えるべきではありません。この区別は時間を通じてなり、領域を区分することで生じるのです。結局のところ、同じ存在、外在性としてある同じ存在が、自らとの媒介をおこなうこと、これが内面性というものです。ところが、この媒介そのものは、二種類の外在性の統一が生じる場所なわけですから、必然的に自らにたいしては直接的です。つまり、この媒介作用は、おのれ自身についての知を含んでいません。したがって、理由はあとで見ますが、それ自身は媒介されていないこの媒介作用という水準においてこそ、純粋な主体性が見出されることになります。そして、そこから出発して、いくつかのマルクス主義的記述を考慮に入れ、記述をさらに慎重に再検討することによって、この媒介作用が何であるかを理解することが問題なのです。人間の発展の総体において、この媒介はなんらかの役割をもっているのか。そうした媒介は客観的認識をもつ弁証法の欠くべからざる契機として、本当に存在するのか。あるいは、単なる随伴現象にすぎないのか。これらの問題設定はすでにマルクス主義の内部にあって、われわれは今ここでマルクス主義のうちにはもともとなかった主体性という観念を外部から導入しようというのではありません。話は反対で、欲求、労働、享受といった概念とともに、マルクス主義そのもののうちにすでにあるが、ルカーチのような観念論的客観主義者たちが見逃してきた観念を明示し、再発見しようとしているのです。

まずは、自己に直接的なものであるこの媒介が、なぜ特性として〈非－知〉を含むのかを考えてみましょう。なぜ人間は、実践において、すなわち、認識であると同時に、自らについての知を生み出す行動である実践において、われわれが主体性と呼ぶ次元においては、同時に、自己に関する〈非－認識〉であらねばならぬのか。同時に、こうした条件下で人間は自己自身についての〈非－認識〉であるのに、どのようにしてわれわれは主体性に到達できるようになるのか。主体性がじっさいに〈非－対象〔客観〕〉であり[37]、かようなものとして認識から逃れてしまうならば、どうして主体性について真実を述べていると主張できるのでしょうか。

これらのことはみな、きわめて単純な状況から出発するなら、容易に解決されます。反ユダヤ主義者のケースをとりあげてみましょう。反ユダヤ主義者とはユダヤ人を嫌う人、ユダヤ人の敵です。しかし、反ユダヤ主義者がこのようなかたちではっきりと表明されないことはよくあります。一九三三年にナチスが引き起こしたような大きな社会運動があれば、反ユダヤ主義者は、「私はユダヤ人が嫌いだ」と主張する勇気もでるでしょうが、普通は違います。彼は言います。「この私が反ユダヤ主義者ですって？ いやいや、私は反ユダヤ主義者ではありません。私はただ、ユダヤ人にはいろいろな欠点があるから、政治のなかで地位を占めさせないほうがよい、商取引ではユダヤ人が非ユダヤ人と接触する機会を制限したほうがよい、と考えるだけです。それは、ユダヤ人が人を堕落させるところがある、等々の理由からです」。要するに、この男は自分が知っていると称するユダヤ人の特徴なるものを提示するのです。ただ、自分のことを反ユダヤ主義者だとは認識していないかぎりにおいて、そうしている。それが第一の契機です。ところで、みなさん方の誰もが、ユダヤ人についてきわめて不快で不愉快なことを言いながらも、それは客観的であって主観的ではないと言い切る人たちに出会った経験をおもちのはずです。しかし、何かが起こる〔事態が一変する〕ときがありますよね。

私の友人のひとりで、パリに住む共産主義者モランジュ*14から最近聞いた話を紹介しましょう。戦争〔第二次世界大戦〕よりずっと以前のことです。細胞〔共産党の支部〕に足繁く通う労働者がいましたが、彼はかならずモランジュの言うことに反対し、しばしば腹をたてていました。だから、口論になる可能性もあったのですが、けっして口論にはなりませんでした。それは、ときどき見かける、肉体労働者とインテリの不和とは違いました。というのも、同じ細胞にいる他のインテリたちとはうまくいっていたからです。この労働者が言うには、それはまさに「肌が合うかどうか」でした。「あいつは虫が好かない、それだけのことさ」。ある日、彼はモランジュのところにやってきて、言いました。「なあ、ようやくわかったぞ。実のところ、常日頃からお前が気に入らなかったのは、お前がユダヤ人だからさ。今ようやくわかったんだが、それは俺が十分にブルジョワ思想の残滓から解放されていなかったためだ。俺にはよくわからなかった。だけど、お前という実例が理解を助けてくれた。気づいたのさ。俺が嫌っているのは、お前のなかのユダヤ人なんだが、それは俺が反ユダヤ主義者なためなのだ」。ここには突然の変化があることがおわかりでしょう。一般的態度と特殊的態度とのあいだの一種の矛盾が生じる——この矛盾は、残念ながら、たとえば、小市民《プチブル》には作用しません。小市民《プチブル》が反ユダヤ主義を主張するのを制止するどんなブレーキもないからです——共産主義が一般に持つ人道主義《ユマニスム》と、特殊的態度とのあいだの矛盾によって、反省的意識の自覚にいたったのです。ところで、その場合、反ユダヤ主義は、その本来的なありかたでは消え去る状態にあることもわかるでしょう。それが対象へと移行した(38)ということもあります。だが、それよりも、この労働者が自らの反ユダヤ主義を認めたとき、彼はまさに反ユダヤ主義を捨て去る寸前まできている。なお捨てがたいかもしれないし、元に戻るかもしれないし、自分では捨て去ったつもりでもまたぞろそこに陥るかもしれない。しかし、ここでの問題の核心は、彼がそれでもまさに反ユダヤ主義を捨て去る寸前だということです。なぜなら、反ユダヤ主義はある対象に関する主観〔主体〕的構築物ではなくなる、すなわち自分のことを知らない内部が外部にたいして持つ関係ではなくなるからです。反ユダヤ主義は、反ユダヤ主義をおこなう者の目の前、そして彼の反省作用の前で、一挙に対象＝客体へと移行したのであり、それゆえ当然のこととして、それにたいしてどのような態度を取るかは彼の自由だからです。つまり、これまでとは別の関係が問題となったのです。ところで、この二つの関係の違い、すなわち、主体性として、つまり、ユダヤ人という対象を捉える主体としての反ユダヤ主義者と、自らを反ユダヤ主義者という対象《オブジェ》＝客体として捉える反省作用としての反ユダヤ主義者とのあいだの関係の違いが教えてくれるのは、主体的なものを認識することには、主体的なものを打ち壊すような何かがある、ということです。

今の話を聞いて、みなさんは反論したくなるかもしれません。だから、どうしたというのか。その男は自分が反ユダヤ主義者であることを知らなかったが、人はどの地域にどんな石油鉱床があるのかも知らないし、まだ発見されていない星のことも知らない。そして、ある日その石油鉱床を発見したり、その星を発見したりするのと同じように、自分が反ユダヤ主義者であることを発見することはありうるだろう。そこには隠れた要素、認識される可能性のある一種の「鉱床」があり、それが認識された場合には、石油鉱床ならば採掘することになるし、それは掘削可能な油田地帯の調査をとおしておこなわれる。他のケース、すなわち反ユダヤ主義の場合には、それを認識することは、ブルジョワ思想の残滓である「鉱床」を読み取ることであり、見つけたら一掃するのだ、と。しかし、それはまったく違うのです。なぜなら、発見された星と天文学者とのあいだに打ち立てられた認識関係は、いかなる点においても星に変化を与えはしないからです。もし、その関係が星に変化を与えるにちがいないなどと想定するなら、ある種の観念論者になるでしょう。星なり、油井なり、石油鉱床がそれとして認識されると、その存在に変化が生じるにちがいないなどと考えるなら、認識そのものが認識される対象に作用を及ぼすと考えるわけですから、観念論に陥っていると言うべきでしょう。じっさいには、認識〔知〕による発見によって生じるのは、認識対象との外在的関係です。もちろん、後に見るように、認識のうちには内面性の一端があります。しかし、それは観念と対象の一致へと向かう、つまり、認識が高まれば、認識する者と認識される対象のあいだの差異は小さくなっていくということです。極論すれば、完全な認識とは、人間を動かす内部で人間と一緒に動く対象のことである、と言えるでしょう。油井や石油鉱床についての完全な認識とは、実のところ、油井や石油鉱床そのもののことであり、そこになんら変化はありません。それに引き替え、素朴《ナイーヴ》なあり方で反ユダヤ主義者であった労働者にたいして認識が及ぼす作用について考察すると、その作用が認識対象を根本的に変えることがよくわかります。というのも、彼は自分のことを社会主義者なり共産主義者である労働者とは認められなくなるか、自分のことを反ユダヤ主義者とは認められなくなるか――のどちらかだからです。彼を完全に変える何かが起こったのです。つまり、彼は二つのシステムを作りだしたのです。一方で、ユダヤ系同志のことを「ユダヤ人だ」と言うことで相手を外的に全体化し、他方で、「私は反ユダヤ主義だ」と言うことによって、自らを全体化することになった。このとき、発せられた言葉は、彼が自分にたいして及ぼした作用をはるかに超え、彼の階級を変え、彼をひとつの集団のうちで客体性のうちに置き、諸々の価値からなる価値体系を導入することになるのです。このことによって、彼は未来を約束され、自己拘束《アンガージュマン》を強いられます。というのも、もし「私が反ユダヤ主義者」なら、それは「すべてのユダヤ人が嫌いだ」ということであり、次の週にユダヤ人に出会ったなら、同様にその人を嫌うであろうということを意味するからです。価値の観点から言えば、もはや同志たちと価値を共有する人間ではないという結論に導かれることになります。逆から言えば、同志たちの価値の名のもとに、自分自身が非難されることになり、同志を非難するか、自分自身を非難するかといった選択をしなければならなくなる。要するに、そのとき、対象そのものが客観的なものとして、根本的に違ったものであるということが起きるのです。対象はアンガージュマンに、客観的行為に、価値判断の対象に、共同体全体との関係に、未来についての仮説になります。もはや問題となっているのは、先に見たような、ユダヤ人として見なされていた個人こそが唯一の対象であった、主体性の契機ではないのです。

そうだとすると、反ユダヤ主義者的言動をおこなっていたとき、彼は反ユダヤ主義者でなかったということでしょうか。彼が自らのうちに、解消できていないブルジョワ社会やブルジョワ思想の残滓をまだもっていたという意味においてはもちろん、彼は反ユダヤ主義者でした。しかし、彼を反ユダヤ主義者にする「鉱床」が彼のうちに後から発見できたという意味においては、反ユダヤ主義者ではなかった——「彼は反ユダヤ主義者ではなかった」というのは、世界のうちで自らを定位しようという主体的な試みがあっただけであり、そこには彼自身の認識、彼自身の自己との距離、彼自身の誓約（彼自身の自己拘束《アンガージュマン》）は含まれていなかったからです。このことからわかるように、主体性が対象となって出現すると、当人に変化が起こるのです。

スタンダールにおける愛

これに関しては、スタンダールの二つの小説に有名な例があります*15。一つは『パルムの僧院』。サンセヴェリーナ公爵夫人の恋人であるモスカ伯爵は、彼女が義理の甥ファブリスと一緒に二週間コモ湖のほとりで過ごすために出かけることを知ります。この二人は漠然とした親密感情を持っているのですが、モスカ伯爵は、彼らが出かけるのを見て、「もし愛という言葉が二人のあいだで発せられるのなら、私はおしまいだ」と予言します。つまり、いまは認識されていない、いまだ認識されようとしていない、名づけようのないその感情が万が一「愛」と呼ばれたら、おしまいだということです。というのも、名づけは必ずや明確な行為を、拘束《アンガージュマン》をもたらすのであり、そうなれば社会的なものが生み出す進展というものがあり、その進展によって、ある仕方で、彼らは愛し合わざるをえないと思うようになるからです。〔二つめは『赤と黒』ですが〕さきほどとは反対に、レナール夫人は、婚外恋愛や不倫に嫌悪を感じているにもかかわらず、ジュリアン・ソレルに身を任せます。なぜかといえば、それを愛だとは理解していないからです。彼女は自分のうちに起こっていることに「愛」という名前を与えることができません。彼女にとって、愛とはイエズス会士によって定義されたもの、本や決疑論をとおしてしか愛を知らない人たちによって定義されたものだからです。さらには、彼女が会った男たち、つまり、夫の友人たちが、美しくも若くもないくせに、彼女を誘惑したり、不倫させようと試みたりしたため、嫌悪感を覚えたこともありました。こうして、彼女が「愛」という言葉に結びつけていた恋愛観のために、子どもたちの家庭教師であるこの若者〔ジュリアン〕にたいして抱く感情を、愛と見なすことはなかったのでした。この感情は、彼女にとって愛とはまったく別ものであり、何ものですらなく、ただ単に生きられるだけのものです。そして、ある日突然、彼女はこの感情に愛という名を与えることになるのですが、それは、愛の仕草をしはじめていたからです。しかし、もし誰かが、「それは愛だ」と言いにきたりしたら、彼女は関係をすぐさま断ち切ったことでしょう。だが、そんなことを言う者はいませんでした。以上は、主体的な認識が対象をつねに変化させることの例です。レナール夫人は、愛と名づける前に、愛の仕草をしましたが、サンセヴェリーナとファブリスのほうは、愛という言葉が発せられなかったために、愛人関係を免れた、あるいは、奪われたのです。以上のことから、この契機〔名づけという認識の契機〕が主体性にとってどれほど重要であるかがわかると思います。そして、客観的なものへ移行することがどのように主体性を変形するかも——一方、星を名づけても、星を変えることはありません。以上のことから、〈非‐知〉、つまり、媒介の内部における直接的なものがなぜ重要なのか、ということがわかるでしょう。

ですから、〈非‐知〉の機能の重要性に関する理解を助ける、第二の問いを立てる必要があります。心身統一体が自分にとって外的な存在を主体的に内面化する（外的存在にたいして実践的否定がおこなわれ、実践的否定により心身統一体は自分の前に立てられた外的存在にたいして労働する）ことが本当であり、さらに、人が、主体性を認識するや否や、たえず主体性に変化が起こるのだとするならば、いかにして主体性に関する真実を述べることを期待できるのか、あるいはただ単に主体性についての真実を述べようと努めることができるのか。というのも、そうしようとするたびに、必ず主体性を歪曲することになってしまうのですから。だとすれば、どのようにして、主体性を対象とすることなしに主体性について語ることができるでしょうか。たとえ、主体性が生じているその場所で捉えたとしても、つまり、外在的なものの内面化というかたち、外在化のシステムを内面化のシステムに転換するというかたちで捉えたとしても、主体性は歪曲されるのであり、主体性は私にとって外的対象になり、私は主体性と距離を置くことになります。それでも、私が主体性を最もよく認知する場所は、状況にたいする反応としての労働や実践の結果のうちでしょう。私が主体性を発見することになるのは、一般に状況が要求する反応と私のなす反応とのあいだに差異がある場合でしょう。この差異を取るに足りない反応からなるものと思ってはなりません。反応はその後に進展するより豊かな何ものかの可能性もあります。いずれにせよ、いかなるものであれ、状況を一つの試金石と見なすなら、状況は人に何かを要求します。反応は客観的要求にたいして完全に合致することはけっしてない。反応は、客観的要求を越えていたり、要求通りのものでなかったり、的外れであったり、要求に及ばないものであったりするからです。したがって、反応を対象として捉えた場合、主体性とはそれ自体において何であるのかを捉えることができます。主体性とは外部なのです。なんらかの反応の性格という意味で、また、構成された対象であるかぎり、対象の性格という意味で、外部なのです。

半盲症

この考えをさらに展開するために、三つのケースを挙げることにしましょう。ちなみに、第三の例が最も興味深いものです。最初に、有機体に最も近い医学的ケース、半盲症の人の反応について考察してみましょう(イタリア語で同じ言葉を使うかどうか知りませんが、半盲症の人とは網膜の半分が見えなくなった人を指しますが、これは、鳥距溝の損傷により、つまり、大脳の視神経終末の損傷により起こります)(39)＊16。このケースが注意を引く第一の理由は、心身統一体が問題でありながらも、単なる有機的結合に限りなく近いからです。第二に、限定された社会的領域における個人的活動というきわめて特殊なケースから出発して、相互主体性を含むケースに至ることになり、それによって全体的弁証法における主体性の正確な役割を分析することができるからです。というわけで、半盲症の人を見てみましょう。どういう状態かというと、鳥距溝が損傷し、このために、視神経が大脳葉に到達する場所で問題が起こります。損傷が――どんな場合かは特定できていないのですが――機能障害を引き起こす場合があるのです。すると、両眼の視野の側面半分が消失します。いわば、網膜の半分だけで見ているわけです。目は有機組織ですが、網膜が反応するのは、網膜の中心部の、黄班と呼ばれる黄色い斑点の中心においてです。黄班は、像が最もくっきりと形作られる場所です。ところで、ここで問題になっているのが、完全に外在的で、非有機的なシステムだったならば、この欠陥の結果は、現実の半分だけが見えるということになるはずです。半盲症の人はもはや対象物の半分しか見えない、視界の半分しか捉えない、ということです。さて、ここでちょっと想像してみましょう。自分の身に何が起こるのかを知りながら、実験室のなかでの実験というかたちで、暫定的に、ある物質を摂取することで同じ損傷を起こすことができると想像しましょう。そんな場合、人は何をするでしょうか。この損傷を知っているので、距離をとって接するでしょう。たとえば、視界の右半分が見えないであろうことがわかっているからです。

正面を見たいときは、頭と目を同時に動かさざるをえないでしょう。こうして、いわば欠陥を帳消しにする紛れもない実践の助けを借りて、新たな全体化された領域を再構成するはずです。この新たな全体的視野を実践的に構成することでしょう——それは真の実践でしょう。こうして、障害と距離を置き、障害を認識し、その結果、障害を否定する。「この男の人は正面にいますか」と聞かれたらば、「はい、私の正面にいますが、彼をもっとよく見るために、頭を動かします。というのも、私の目は半分に分けられているからです」と、答えることでしょう。

ここで、この仮説を放棄して、今度は本物の半盲症の人、損傷が生理学的次元の過程の結果である人を相手にするならば、彼から視界の半分を奪っているこの欠陥にたいする彼の反応を記述するべきでしょう。彼が採る反応は次のどちらでしょうか。一つは、半分の世界しか見ないというもの、もう一つは、自分の損傷を認識し、残されている目の半分を道具として利用して困難を切り抜けるというもの。じつは、そのどちらでもないのです。というのも、一方で彼は自分の欠陥を知りませんし、他方で、自分の実践的領域の一貫性を維持するからです。この二つが一緒に起こります。こうして、その人は、視野の半分が欠けているとは言わず、たいていの場合は、ちょっとよく見えないし、前よりも少し疲れる、と言います。彼が言うのはこれだけです。とはいえ、視野は完全でありながらも、彼はやはり正面を見るために目を動かすのです。なぜ視覚システムが完全かと言えば、こんなふうに回復されたからです。つまり、視界の側面が劣化したために、中心点の周りに視覚を作り出すことができなくなったため、網膜の点全体が変化したのです。残された半分のうえにシステムは構成されるのですが、このシステムは完全です。再編成された中心は横に移動したのですが、同時に、周縁にはぼんやりする部分も新たに生み出されています。こうして、どの網膜点も新しい機能をもつことになった。その結果、奇妙なことが起こる。以前は視覚が最もはっきりしていた場所、つまり黄班の周りで、視覚は最もぼやけてしまいます。網膜のみならず、調節作用、運動、視野もまた変化し、そのせいで、元来は視覚がぼんやりしている側面のある網膜点がいまや中心となったのです。ところが本人はそのことを知らないので、少し見え方が悪くなった、と言うだけなのです。誰かに、正面にあるものは何ですかと尋ねられたら、新しい網膜の中心部の正面にあるものを答えるでしょう。というのも、今や、視野の構造はその新しい中心部にあるからです。このように、無知は半盲症の人の振る舞いと本質的に関わっています。自分の行動ができるのは、彼がそれを理解していないからにすぎません。

とつじょ、そして全体性に関する無知のなかで起こったこの変化によって、主体性が何かということがよりよく理解できるのではないでしょうか。何よりも、みなさんは、われわれは主体的なものを客観的要素から出発して捉えている、と理解するかもしれません。客観的要素はわれわれには、あるときは通常の適応範囲を超えるものに見えたり、またあるときは反対に、通常の適応範囲以内にとどまるものに見えたりします。半盲症の人――われわれがそのようなものとして認知しているかぎりの――において何事かが起こっていることをわれわれが理解できるのは――その人がわれわれに、「私の正面にあるものは、これです」と言ってくれるからにほかなりません。それが主体的現実の客観的、実践的構造なのです。同時に、われわれが確認することは、病人は損傷によって影響を受けるだけの存在ではなく――ただ損傷によって影響を被るだけなら、このようなことは起こりません――三つの全体性を再組織化しようとする存在である、ということとです。三つのうち、一つめは彼の背後にある有機的世界、それ自体がひとつの世界であるかぎりでの有機的世界、二つめは彼のなかにある汚れも欠損もない視覚野、三つめは彼の正面にある、手に取ったり、食べたり、生きたりするために、見るべき対象です。この三項の規定に関してはすでに述べたわけですが、ここにもそれが見出されます。こうして、病人は内面性において欠落を生きなければなりません。

実践と非－知

ところで、先ほど想像した、実験室での実験というかたちで半盲目状態にあった男との違いは何でしょうか。実験室の男は、実践を開始し、その欠落と距離を置き、欠落をその惰性に委ねます。彼は明言するでしょう。「こんなことは、外的対象でしかない。むろん、私の見るという行為の一部ではあるけれど、それはまったくの受動性、欠落にすぎないのだから、外在性のうちにある。じっさい、欠落以上に受動的なものがあるだろうか。言葉の現実的な意味において、これほど受動的なものはない。でも、そんなことはどうでもいい。私は自分を調整する、うまく切り抜ける、頭を右や左に向け、したいことをするのだ」と。この男は、ただの実践ではなく、理論的認識のうえに基礎づけられた実践をおこなう人なのです。それにたいして、本当の半盲症の人はどうでしょうか。彼もまた、同様のことに出会い、同じように視野を変化させるのですが、本人は自分の欠落を知らないので、欠落を統合するのです。外的なものであった欠落が、全面的に内的なものになります。欠落は内的なものによって再び引き受けられてしまったのです。というのも、今や欠落は有機化されたもの全体の実践的、主導的図式とほとんど見なされうるからです。この、物質的で欠落を伴う事態は、突然に〈非‐知〉のおかげで行為のなかに統合されてしまう。この事態が距離なしに体験されるからであり、外在性に属する何ものかを距離なしに取り込むことを行為が保証するためです。これが、半盲症の人なのです。たしかに否定は存在しますが、それは統合に至る否定です。つまり、距離をとる実践というものの全面的な否定ではなくなり、無知による受諾となった否定なのです。新たな有機的生の中心に彼を据えるのは欠陥の中心にたいする盲目的な否定なのです。このような盲目的否定、つまり変化の拒否には、欠落のある存在の承認は伴っていません。否定は、欠落存在を否定しながらも、それを全体に統合するのです。

別の言い方をすると、何が起ころうと全体はそのまま留まるが、変化しなかったと言い張るときでも変化している。この変化が認識されないからです。その病人は、視野の半分を失ったから半盲症なのではありません。今のところは治らない欠陥ですが、受動的欠陥です。一方で、その欠陥はけっしてそのようなままであるのではありません。その病人が半盲症であるのは、彼が自分を半盲症にしているからです。というのも、彼は欠陥を統合することによって、内側からこの全体化を維持するからです。これこそ、われわれの考える、主体性の本質的性格の一つめです。すなわち、主体性が定義上、意識の水準においてさえも〈非‐知〉であるのは、個人すなわち有機体が、自らの存在になるべきものだからです。その点に関しては、すでに指摘したとおり、二つの仕方があります。一つは、純粋な物質的システムのケースのように、自らの物質的存在になること。欠損はそのときそこにあります。ただそれだけのことです。もう一つは、現状をそのまま維持するためになんらかの実践によって全体をそっくり変容させる、ないしは総体を保持するために若干の変容を受け入れること、つまり実践です。もちろんもっと複雑なのですが、システムの惰性的状態と本来の実践とのあいだには、この全面的な内面性の条件があります。すなわち、全体とは、もともと与えられており、それを維持せねばならないような何かなのではなく、絶えず維持されるべき何かなのです。有機体においては、所与のようなものはありません。じっさいのところ、あるのは、全体の構築と一体である絶えざる欲動、性向なのです。そして、この自己構築する全体は、各部分への直接的現前なのですが、それは、単なる受動的現実というかたちにおいてではなく、諸部分を必要とする図式というかたちにおいて――「必要とする」という言葉はむしろん類比表現です――あらゆる状況における再全体化なのです。

ここで問題となっている存在の内面性の定義とは、自己への直接的現前というかたちにおいておのれの存在になるべきである、というものですが、しかも同時に、わずかな、できるだけわずかな距離をもつことによってそうなのですが、その際、制御された、それも自己制御された全体性というかたち、あらゆる部分に現前していると同時にあらゆる部分がおのれのなかにある全体というかたちにおいて距離をとるのです。つまりこういうことです。じっさい、全体とは内面化の法則であり、絶えざる有機化の法則です。有機体というものはまずは、全体というよりはむしろ全体化である、と言いかえてもよいでしょう。全体とは、一種の主導的な自己制御であり、全体化としてのこの内面化を絶えず引き起こしています。全体化は、混乱や変化を引き起こす外的なものを統合することによって生じます。半盲症の人はその一例です。結局、全体とは一般的欲動にほかなりません。換言すれば、欲動と欲求は一体をなしています。まず、諸々の欲求があるのではなく、ひとつの欲求＝必要があるのであり、それは存続の必要性としての有機体それ自身なのです。事後的にのみ、ここまで検討してこなかった外的なものとの複雑な弁証法によって特殊な諸々の欲求がひきおこされることになるとはいえ、もともとは欲求とは全体を維持することなのです。それでもやはり、〈おのれの存在になるべきである〉ということは、存在が内面性において直接的現前であるということを前提にしているということに、変わりありません。しかも、それは永遠性においてそう〔直接的現前〕なのです。というのも、それは直接的で、距離がない現前であるからであり、また、内面化のシステムとしての主体性は、われわれが主体性をいかなる水準で捉えようとも、けっして主体性そのものについての認識を想定していないからです。「でも意識があるでしょう」と仰るかもしれません。たしかに。でも、すでに見たように、意識というものは、より高次において、主体性を自らの対象＝客体にしてしまう。そして、そうなると、主体性は客観性になってしまいます。完璧に反ユダヤ主義者であるためには、自分が反ユダヤ主義者であることを知ってはならないのです。知ってしまうと、自己の再組織化が始まってしまうからです。

独自性

第二の例に移りましょう。ある人が、われ知らずに自分の主体性を明らかにし、周囲の者もすぐにはそれに気づかないことがあります。ここで示したいのは次のことです。すなわち、先ほど見た存在の内面化が了解されるのは、内面化が次の三つの条件づけの水準で実践されるときのみです。三つの条件づけとは、手前の存在(être d'en deçà)、彼方の存在(être d'au-delà)、状況の存在(être de la conjoncture)ないしは現に起こっていることの存在です。注目すべき最も重要なことは、この主体性において何かが生じたという点です。すでに見たように、半盲症の人は自動力をもたない欠落でしかないものを統合し、それをひとつの行為にした。その行為は、たしかに、知覚という基本的な行為ですが、それでも行為です。というのも、突然それが受肉した、と言うことができるからです——後に見るように、それには社会的観点で意味があります。すなわち、単なる自動力をもたない否定の源にすぎなかったものが、行為によって受肉化したのです。第一に、半盲症の人は、ある意味で、この惰性的欠落を引き受けることを選択した、すなわち、それを内面性における自分自身の現実にすることを選択した——われ知らずに選択したとはいえ、それは彼の存在そのものです——と言うことができます。第二に、独自性、あるいは独自化は、まさにそこに由来するということが確認できます。人間はさまざまな資格において独自な存在であるわけですが、なによりも、それぞれの状況において、じっさいには取るに足りない偶然的なものや、外的なものでしかないもの、あるいは、重要だが距離のある偶然的なものでしかないものを内面性において引き受け、行為において明らかにするということによって独自な存在だと言えます。半盲症の人の独自性、すなわち、われわれがすぐにその人のうちにある独自なものとして気づくものとは、損傷の事実そのものではありません。損傷は、理解しやすいものであり、普遍的な型だからです。ひとつの損傷に関しては、原因が示されるなら、損傷を負った人がいる、ということを理解することができます。半盲症の人の独自性とは、私がその人に、「あなたの正面にあるものは何ですか」と尋ねたとき、彼がそこにいない人を指し示す、という事実です。これこそがその人の独自性です。この独自性は何ものによっても与えられはしません。その人がその欠落に苦しんでいないときは、有機体自身によっても与えられません。普遍的なものの次元に属する欠落自体によっても与えられません。そうではなく、普遍性を引き受けることによって、それを引き受けるという事実によって、普遍性を変換し、普遍性を統合することによって与えられるのです。そこにこそ、普遍的なものの独自化と呼びうるものが実行されるのを見てとることができるのです。これは社会的にはきわめて重要な点であり、後ほど触れたいと思います。ただ、今のところは、単に次の指摘に留めましょう。すなわち、主体性が存在するのは、内面性のうちにあるシステムが、すなわち存在と存在との媒介が、〈なるべきである〉というかたちをとって、あらゆる外的変容を内面化するときであり、また、外的独自性のかたちをとってそうした変容を再‐外在化するときなのだ、と。もちろん、全体は衝動のかたちをとってつくられます。つまり、自動力を持たない何かが問題なのではなく、いずれの意味においても、まさに有機的エネルギーの激しい再分配が問題なのです。しかし、「ここで検討されたのは基本的な行為だけだ」と仰るかもしれません。ですから、もう少し吟味を進め、一般に主体性とされる水準、つまり人間的水準において展開される同様の事柄を示そうと思います。

友人ポールの例

そのために、一つだけ実例を挙げ、できるかぎり完全に展開してみましょう。私にはとても親しい友人がいます(40)。彼は、私たちの雑誌『レ・タン・モデルヌ』の協力者であったし、今も協力者です。当初、私たちは十人ほどで雑誌のタイトルを考えていました。ご存じのように、この雑誌の路線は、フランスのブルジョワジーおよび右派一般にたいして批判的な立場をとることでした。同時に、場合によっては、私たち自身にたいしても批判的な立場をとることでありました。私たちは原則的には左派であり、左派勢力の同盟者でした。また、そうした観点に立って、われわれは、世界の変革に参画しようとして、アンガージュマンと批判とを交互に繰り返しながら世界について検討しました。さて、創刊にあたって私たちは誌名を考えていたのですが、この友人はごく単純に「騒動(Le Grabuge)」はどうだと提案したのです*17。ご存じかどうかわかりませんが、「騒動」は、くだけたフランス語とはいえ、日常的にさほど用いられる言葉ではありません。それは十八世紀の作品のうちに見つかる言葉であり、「無秩序な暴力」を意味している、と言えるでしょう。たとえば、カフェで人びとが互いに怒鳴り合いを始めたとき、「帰ろう、騒動が始まるぞ」と言うブルジョワ連中を想像することができます。この言葉が思い起こすのは暴力、血――だが、必ずしもそうとも限りませんが――と同時に、スキャンダルです。突然秩序を乱す何かが起きたということです。そのような誌名を提案したことが契機となって、即座に主体性が現われ、私たちのあいだにずれが生じたのです。もちろん、私たちはブルジョワ体制に反対であったし、当然、可能なかぎり、ブルジョワ体制を一掃し、社会主義体制を樹立するのに役立ちたいと思っていました。しかし、一九四五年ともなれば、騒動のかたちでそんなことをする時代ではもはやありませんでした。「騒動」は他のことも示していました。私の友人は、あらゆるスキャンダルがブルジョワ意識を解体するのに役立つと確信したので、全裸でシャンゼリゼ大通りを散歩したりしかねないということです。こういった次第で、奇妙なずれがあったのです。このずれというものが主体性を顕在化するということを説明したいと思います。

仮に友人の名前をポールとしましょう。彼を知る人や、彼のことを耳にしたことのある人なら、「いかにもポールらしい」と思ったにちがいありません。つまり、ただ言葉の選び方を見ただけで、誰もがそこに彼を認めたのでした。なぜでしょう。第一に、ポールが元シュルレアリストだからです。彼は離脱しものの、ノスタルジーはもちつづけていたので、反復(répétition)の次元にとどまっていたのです。ところで、シュルレアリスム的行為のうちで最も単純なものは、ブルトンが言うように、騒動です。要するに、ピストルを手にして、誰でもいいから撃つこと。これはスキャンダラスな行為です。しかしまた、それは、完璧に個人的行為でもあり、他人を破壊する行為であると同様に自分を破壊する行為です。シュルレアリストたちは若かったころ、集ってはひたすら暴力を培い、そうした暴力を彼らは、とりわけ言葉の次元で、いくつかの文学的、芸術的なスキャンダルをとおして、表現しつづけました。もっとも、街中で誰でもいいから撃つためにピストルを手にすることはけっしてありませんでした。彼らの多くにとってシュルレアリスムの何かが残っていて、それは絶えず条件づけ直され、新しい状況で繰り返されました。シュルレアリスムを離れたあとも長いあいだ、私の友人ポールは酒場に行って、好んで、自分よりも大きくてはるかに強い男を侮辱したりしていました。そのあとで、彼は、「騒動」を起こしたために地面に這いつくばっていたのです。彼はお仕置きを受けたわけですが、実はそんなものを恐れてはいませんでした。彼はお仕置きを求めていた、と言ってもよいでしょう。ここに反復的行動が現われています。この行動は、そのような理由で主体には知られておらず、また、この行動は、先立つ条件づけに反応することによって、再内面化されるのです。シュルレアリストは永遠にシュルレアリストでありつづけるのでしょう。まったく違う運命を経験したシュルレアリストもいたと指摘されるかもしれませんね。たとえば、アラゴン[*18]は共産党に入ったし、彼だったら、新しい雑誌に「騒動」などというタイトルではなく、「融和(Concorde)」とか、その類《たぐい》のタイトルをつけようとしたはずだ、と。

したがって、問題となっているのはきわめて個別の状況であり、そのようなものとして解釈されなければなりません。個別状況を理解するには当然のこととしてポールに関する社会史へと向かう必要があります。ポール自身が好んで語る社会史です。なぜなら、彼は、「騒動」と提案したときに自分のことを知らなかったとはいえ、それでも、自分のことを知っているからです。彼は見事に自分を知っています。彼は自分自身についていて、すばらしい本を書きさえしました[*19]。「騒動」を提案したとき、彼は自分が描くものが表面に現われたとは少しも考えておらず、雑誌にふさわしいタイトルを選んだと考えているだけです。彼は小市民《プチブル》、裕福な家庭の小市民だったし、あいかわらずそうです。彼が送った幼少期のために――幼少期について語ると話が長くなります――ブルジョワジーは彼を押さえつけると同時に受け入れたわけです。彼は真にはそこから抜け出すことができません。個人的には、受けた教育によって、いくつかのブルジョワ的確信を必要としていますし、ある種のブルジョワ的居心地の良さを必要としています。同時に、彼はそれらを嫌ってもいます。そのために、彼は、アナーキストと呼ばれる人たちの――もっとも、それは右派のアナーキストではありません――きわめてありきたりな立場に立っています。なぜなら、彼は心から反ブルジョワではあるけれども、いくつかのブルジョワ的要素がそのまま残っていることを自覚してもいるからです。彼が絶えず繰り返す行動とは、どんなものでしょう。それは自己破壊的行動です。すなわち、スキャンダルによって社会秩序を破壊すると同時に、自分も破壊する。この二つは切り離せないのです。

一九二〇年に、ポールは、クロズリー・デ・リラ〔モンパルナスのカフェ〕の階段の上段に現われて、「ドイツ万歳、くたばれフランス」と叫びました[*20]。それは一九二〇年に叫ぶべきことではまったくありませんでした。予想がつくことと思いますが、階段の下にいた人びとは、彼に降りてこいと命じました。彼は急いで降りいったわけですが、その結果彼は、三、四日、病院で過ごすことになりました。そのとき彼は何をしたのでしょう。彼は、スキャンダルによって、ブルジョワの現実をできうるかぎり破壊したのです。でも同時に、自分の身も破壊に委せた。言い換えると、彼はできうるかぎり、他人のうちにあるブルジョワジーを破壊しようとすることによって、自分のうちにあるブルジョワジーも破壊するのですが、それは自殺と言わないまでも、自己破壊という暴力行為によってなのです。騒動には、そういう側面があるのです。われわれにとって、騒動を求める人とは、たとえば、ニューヨークで見かける、退屈だからといって、日が暮れると殴り合いをするためだけにバーに行くアメリカ人です。誰かの顔をぶん殴るにせよ、誰かに顔をぶん殴られるにせよ、満足して家に帰ります。暴力によって、自己破壊が、生の破壊が、生の否定があったからです。

この観点から、さらに主体性の深部へと進みましょう。ソヴィエト革命から数年たって、左翼のあらゆる政党にとって、騒動というものが知識人のとりうる最良の態度だと思われた時期がありました。ブルジョワジーはとても強力でしたし、ソ連は誕生したばかりで、あらゆる方面からの脅威にさらされていました。そこで、多くの共産主義者は、のちのトロツキー自身と同様に、似たような理由から主張しました。「きみたち知識人の役割はブルジョワジーを一掃すること、イデオロギーとしてのブルジョワジーを一掃することだ。きみたちはイデオローグなのだから、彼らから言葉を盗め、彼らをこきおろせ、スキャンダルによって彼らを挑発しろ……」。そうした態度には疑いもなく、一九二五年から三〇年にかけてなら、戦術上の価値がありましたが、今日ではもはやいかなる意味もありません。社会問題も国際問題もまったく異なる用語で考察されるからです。言い換えれば、一九二五年にどんなスキャンダルでもいいから引き起こすことには、政治的意味があった。ともかく、有益でしたし、成果をもたらしました。だが今日ではいかなる意味ももちません。というのも、現在では、ブルジョワ的様式と戦うためには、分析、研究、討論のほうが単なるスキャンダルよりもはるかに重要だからです。ところで、ポールはある種の過去を、すなわち、自分自身の過去だけでなく、いくつかの文学や政治グループへの彼の参加《アンガージュマン》に関わる過去も手放さなかった。だからこそ、彼の提案にはずれがあるのです。それは、彼自身のブルジョワ的現実性であるばかりか、一九二五年には妥当だったが、今日ではもはや妥当ではないのに自分が乗り越えていないある種の戦術を保ちつづけているということでもあります。彼はその戦術にしがみついたままであり、その点に、主体性があるのです。そのうえ、彼が「騒動」を提案したのは選択肢のひとつとしてではなく、われわれを拘束《アンガジェ》するものとしてでした。もしわれわれがそれを受け入れたなら、セクシュアリティなどに関するきわめて暴力的な論文を書くことになったかもしれないし、どんな類の写真でも掲載することになったかもしれないし、殺人の賛美さえしたかもしれません。他にどんなことをしかねなかったかはわかりませんが、「騒動」という誌名を受け入れていたならば、それによってわれわれはじっさいに騒動を起こすようにと拘束《アンガジェ》されたことでしょう。つまり、主体性を外在化するということは、制度化に似ています。もしわれわれが友人ポールの発案を受け入れていたならば、ポールはポール自身となり、彼自身の人格は、この誌名を介して、われわれ自身にとって一種の義務となったことでしょう。主体性はここではかなり強烈なものです。というのも、提案が受け入れられれば、主体的人格は、他の者たちにとって義務の総体となるからであり、提案が拒否されれば、忘れ去られてしまうからです。この件では、われわれは雑誌の内容に確信があったので、提案を拒否しました。そして、提案は忘れ去られました。

逆に、たいした確信もなしに、別の誌名を探したと仮定してみましょう。その場合、雑誌にまったく不適切なタイトルをつけることによって、雑誌の運命を定めてしまったかもしれません。雑誌が「騒動」と名づけられるなら、たとえば、今おこなっているようにアルジェリアでの拷問の話題を定期的に発表することはできなかったでしょう[*21]。そんなことをすれば、読者にスキャンダルを引き起こすためにこの話題を選んでいるように見えかねないからです。たとえ、じっさいには拷問をやめさせ、アルジェリア戦争を終結させるためだとしてもです。それにたいして、「騒動」という雑誌なら、その戦争を楽しまねばなりません。とはいえ、ポール自身はこのような次元を乗り越えました。というのも、彼はアルジェリア戦争にたいしてあらんかぎり敵対的な行為をしているからです。だとしても、彼があのころ自らを投影しつつ、この誌名を提案したことに変わりはありません。彼がこの誌名を提案したのは、彼がそういう人間でありながら、そういう自分を認識していなかったからです。それゆえ、自己を認識する契機と、自己をつくりあげる契機は、まったく異なることがわかります。あとになって誰かが彼にたいして、「なあ、〈騒動〉という意味はそういうことだよね」と言ったなら、彼は、自分の提案が不適切であることを証明する側についたことでしょう。しかし、あの提案をしたとき、彼は客観的な議論を展開していたつもりであり、「こちらのほうがよりいっそう読者を引きつけるし、否定的側面を明らかにできる……」などと言ったのです。「これが気に入っているし、これにしたい」などとはまるで言わなかった。そう言わなかったのは、知らなかったからです。これでおわかりのように、〈非－客観性〉、〈非－知〉、自己との〈非－距離〉は、まったく同じ、一つのものです。

反復と案出

この例によって、狭義での主体性を表わす二つの特徴を指摘できるでしょう。人間にとって、主体性にはいくつかの次元がある。というのも、主体性とは、実はこれら複数の次元の全体化だからです。現勢の次元がありますーーたとえば、ポールの階級存在は、私の考えでは、現勢態にあります。彼の階級存在はブルジョワジーから離れられないながらも、ブルジョワジーをある種の仕方で拒否するというかたちのものですが、それは彼の存在を構成しており、過去にではなく、全時間に属しているからです。それこそ真の意味で彼の階級存在*22であり、要するに、彼がブルジョワ階級に組み込まれている仕方です。それにたいして、シュルレアリスムとの関係は、過去の関係、過去との関係です。なぜなら、けっきょくのところ、もし彼がシュルレアリスム運動に加わっていなかったならば、もし彼が、騒動へのそうした渇望を満足させることのできる運動に一瞬たりとも加わっていなかったならば、彼はそれを感じなかっただろうからです。したがって、二つの次元があり、それらを絶えず主体性において再全体化しなければならず、また、それらを認識することなく再全体化する必要があるのです。階級存在と過去という次元です。後ほど見るように、人はおのれの階級存在になるべきであるわけであって、おのれの階級存在であるのではないのです。「階級存在になるべきである」ということの意味は、階級存在であるのは、絶えず、主体的に、階級存在であることを自己決定するというかたちにおいてのみ可能だということです。それでもやはり、人はおのれの過去になるべきなのでもある。過去を想起可能な思い出の総体だと見なすことは、過去を受動的な何かに還元してしまうこと、つまり、自らの前に置くことができ、それについて「こんなこともあったし、あんなこともあった、あれやこれやが起こった」などと言うことができる諸々の対象＝客体の総体に還元してしまうことです。こうなってしまうと、そのような過去はすでにもはや私ではなく、準‐私になる。過去というものがそれにたいして距離を置ける可能性としていつも存在するためには、過去は絶えず再全体化される必要があります。言い換えると、反復という主体性の恒常的な側面が必要なのです。人は絶えず自らを再全体化するがゆえに、絶えず自らを反復するのです。

こうして、ポールは、クロズリー・デ・リラで「ドイツ万歳」と叫んで以来、「騒動」を提案するときまで、さらには、もっとあとの別の機会においても、そのような次元において、絶えず自分自身を反復したのです。彼の過去はそこに全面的にありますが、〈非‐知〉、〈非‐意識〉、必然的な再統合の様式においてです。そして、この過去は、矛盾したあり方で、彼の階級存在と結びついている。彼の階級存在が、異なった状況においてならば、彼を他のものになるよう導くのにたいして、過去のほうは、反対に、反復を含んでいます。このように、主体性は、ここでは反復の存在のように見えますが、同時に、案出（invention）の存在でもあります。この二つの性格は切りはなすことはできません。なぜなら、結局のところ、ポールは絶えず更新される状況において自らを反復するからです。こうして、ポールは案出によって常に同じ存在を投企しますが、まったく異なった状況でそうするのです。なぜなら、一九二〇年に、「ドイツ万歳」と叫んで、顔をぶん殴られたのも、ひとつの案出だからです。また、雑誌を「騒動」と名づけようと提案することも、ひとつの案出です。それは適合した反応、しかも新たな案出による新たな状況に適合した反応です――誰にとってもそうであるように、必ずしもうまくいかない適合。案出の材料――という表現が許されるならば――それは主体性です。明瞭な意識に基づいた純粋な実践を例に挙げるだけでは、人間の案出を見出すことも、理解することもけっしてできないでしょう。案出の可能性を示すためには、背後になにがしかの無知があるのでなければなりません。したがって、主体性には本質的だが矛盾した二つの特性がある、と言うことができます。そのために、人間は無限に自分自身を反復すると同時に、自分自身を案出するという事実そのものによって絶えず新しいことを試みます。というのも、人間が案出したものが自分自身に跳ね返るからです。ポールが提案した「騒動」は、反復と同時に案出なのです。

投影

しかし、さらに第三の本質的な性格があります。それについては、もはや時間が残り少ないので、多くを述べることはしません。それでも、第三の性質が本質的なものであることに変わりはありません。外部の存在にたいする直接的で常に超越的な一定の関係におけるこの反復＝案出は、投影《プロジェクション》と呼ばれます。言い換えれば、主体性の本質的なものは外部であり、自分自身の案出によってしか自己を認識しないということ、けっして内部では自己認識はないということです。内部で自己認識すると、主体性は死にます。外部で自己認識し、外部で解釈されるとき、主体性は充満し、たしかに対象となりますが、それは結果となった対象です。つまり、本当には対象化できない、主体性というものにそこで出会うのです。

投影法によるあらゆるテストが意味をもつとすれば、それはまさに、人間が常に対象のうちに自らを投影していると想定しているからです。投影法のテストとは、ご存じのとおり、検査者の質問に答え、その答なり、一連の答全体のうちに、被験者が全面的に描き出されるというものです。しかし、たとえばイメージテストのように、被験者が全面的に描き出されるような特殊な質問が可能だとすれば、それは、主体が恒常的にあらゆるところに自らを描きだしているからでなければならないでしょう。投影法、つまり投影テストが、その瞬間だけ、被験者を促し、被験者にしゃべらせるような例外的状況を作り出しているとは思えません。実のところ、被験者は、いたるところで、自分がおこなっていることのすべてに、自分の振る舞いのすべてに、自分の現実のすべてに、絶えず自己を投影しているのですが、ある種のテストによって自己解釈し、自己解釈することで自己投影をしているのですが、被験者自身はそのことに気づいていないのです。

最も明瞭なケースは、ロールシャッハ・テストです。ご存じのように、色や形はついているが、何の形象だかはっきりしないカードを用いたテストです。形象を決めるのは被験者です。カードを手に取り、それを見て解釈し、そこに明瞭な形象を認めたという印象をもつわけです。同時に、まさにそうとは知らずに、自分を規定することになる。ところが、比較して意見を変えることもありえます。私自身の場合で言えば、ロールシャッハ・テストで、はっきりとした形象が見えましたが、他の解釈も可能だと思うと、このはっきりとした客観的な形象はすぐさま何か貧弱で、きわめて図式的なものとなってしまいました[*23]。――これは奇妙な経験で、誰もが機会があればできますが、常にそうなるのです――自分の知らない私自身の人格の投影なるものが、そもそも何を意味するのかはわかりません。ただ、私が人間の形だとしたものを、他の人はキャベツの葉だとしたのです。検査者にそう説明されると、たしかにキャベツの葉に見えることが確認できました。そうなると、あいかわらず見えていた、きわめて明瞭な人間の形は――なぜなら、私にはずっとそう見えていたからです――私の何かに関する貧弱な図式になってしまいました。つまり、主体性はこのようなものとして理解すべきなのです。主体性は絶えざる投影だと理解すべきなのです。だが、何の投影なのか。それが媒介であるかぎり、ここで問題となっているのは、手前の存在を彼方の存在へと投影することでしかないでしょう。このことから、社会的なものについての弁証法的認識にとって、主体性がいかなる点で欠くべからざるものであるのかが、理解できるでしょう。

存在するのは個々の人間だけで、デュルケームや他の社会学の観念主義者たちが想像したような集団的な大きな形態など存在しないし、個々の人間が、たとえば階級存在や日常の歴史的生の存在といった外在的である大きな形態についての人間同士の媒介にならざるをえないのです。人びとは、まさにこの歴史的生のうちに自らの存在を投影します。とはいえ、自らの存在を投影する仕方は、そこに彼ら自身が組み込まれるあり方によっています。彼らはそのつど自らの階級存在の独自化を創造するのです。そして、この独自化は、まさに階級存在を盲目的に、かつ、階級存在自身の過去との矛盾において生きる仕方であるのですから、独自化とは独自的普遍、あるいは普遍的独自化にほかなりません。ということは、それは歴史によって動かされた何ものかであると同時に、歴史の欠くべからざる構造でもあります。というのも、その水準において、われわれは、かつて有機的な手前の存在とかかわりがあったようには、もはや手前の存在とかかわりをもっていないからであり、われわれはすでにより複雑な水準にいるからです。

『弁証法的理性批判』

ここで問題になっているのは、私が『弁証法的理性批判』において実践的－惰性態*24と呼んだもの、つまり、準－全体性です。それは、物質が、それ自体媒介であることによって、人にたいして常に優位に立つ状態です[41]。このように、たとえば、自動機械が設置された工場における労働者の地位や存在は、前もって規定されています。彼の地位は実在し、まさにこの地位なわけですが、それは、純粋な惰性のかたちでも、ある存在の要求のかたちにおいてでもなく、この機械による惰性的要求のかたちにおいてです。ある工場を例に取ってみましょう。この工場は、資本主義の枠のなかで、一定の利益を上げるためにしかじかの生産をする必要があります。しかじかの規準に従って、しかじかの機械を使い、その機械がしかじかの人的働きと、しかじかの給料をもたらす。資本家の利益ができるだけ上がると前提して、この機械が新たに購入されたものだとした場合、ある存在はこのように規定され――そうはいっても、それはまだ到来していないのですが――同時に、給料、労働の質、さらには職業病の種類までもがそのように規定され、また、労働者の存在をとおして、労働者の家族全体が規定されます。

私は『弁証法的理性批判』のなかで書きました[42]。女性労働者は、機械が彼女に抱かせる内的夢想によってのみならず、給料、病気、生活、もてる子どもの数などによっても規定されている、と。すなわち、四人目の子どもを産んだらその子は生き延びられなかったりする。このことで社会がどんな利益を引き出すわけでもないのですが、社会が、きわめて苛酷な労働と、給料の額によって、もてる子どもの数を厳密に決定することは確実なのです。つまり、余計な子が生まれた場合は、誰かにあげるか、売り渡すか、児童養護施設に預けるかのどれかということになる。すなわち、選択しているのは社会なのです。こうしたことがすべて見たところ惰性的要求という仕方で誰の目にも明らかになるとき、人びとが戦い、対立し合い、騙し合い、支配し合う世界が、姿を現わします。というのも、主体性はそのようになるべきであるからです。具体的で、社会的実在〔現実〕は、機械ではなく、機械を操り、給料をもらい、結婚し、子どもをもつ人のことです。言い換えると、人は、労働者であれブルジョワであれ、おのれの社会的存在になるべきであるということです。そして、人は、まずは主体的な仕方で、おのれの社会的存在になるべきであるということです。だとすれば、階級意識は原初的所与どころではありませんし、人は労働条件そのものによっておのれの社会的存在になるべきであるということになります。

熟練工

『弁証法的理性批判』では、もうひとつ別の例を挙げました(43)。最後にその例を取り上げ、そこで何を説明しようとしたのかを示したいと思います。一八八〇年ころ、万能工作〔普遍〕旋盤、万能工作〔普遍〕機械(44)によって、最も明瞭に規定されるタイプの労働者がいました。それは、二年間の訓練を受けた熟練工ないしは専門工で、自分と自分の仕事に誇りを持ち、単純労働者を周りに従えていました。この状況は機械によって規定されていたわけです。万能工作機械が設置され、ある作業に特化することのないこの機械が、ただ見ているだけで完璧にさまざまな作業をこなすかぎり、必要なのは、ひとりの実行者、技術をもった技術者でした。それが最も重要なことでした。同様に、この熟練工の周りにいる人間たちも規定されていました。

人間たちと言いましたが、じつは「人間以下の存在」とも言えるのです。というのも、彼らはいかなる実質的な資格〔性格づけ〕も与えられていない単純労働者であり、熟練工に道具を渡したり、廃棄物を工場の向う端に運んだりするためだけにいるからです。そこから、ある種の社会的存在が、現実化すべきこの存在が生み出されました。専門工こそがこの存在を現実化することになります。ということは、主体的に見れば、彼は自らの労働の価値を高めるようになるということです。今日では「すべての人間にたいする人間全体の直接的把握としての」、「欲求のユマニスム」[45]という考えによる欲求に基づく階級闘争が展開されているわけですが、その当時は、労働が、それも本当の、知的で熟達した労働が価値を生みだすとされたのでした。

じっさい、当時は、無政府主義的組合主義者《アナルコサンディカリスト》たちの書いた物が出回っていました。彼らは、単純労働者におそろしく低い賃金しか払わないことは、熟練工にろくな賃金を払わないことほどには不正ではないと言っていました。つまり、剰余価値の問題を彼らは見逃していたのです。彼らはさらに――これこそ無政府主義的組合主義の傾向でした――自分たちこそが社会の基本原理であると――正当にも――考えていました。自分たちこそ労働し、他人が用いる物品《オブジェ》を作り、最高の仕事をしており、ろくな賃金をもらっていないのだから、と考えていました。彼らは労働に関して貴族主義的観念を共有していた。もちろん、単純労働者を援助すべきだと考えてはいましたが、貧しく哀れだとはいえ、何の能力もないのだから、それほど不正ではないと考えていたのです。こうして、状況を主体的に生きるある種の仕方が定着しますが、それには必ず価値の定立が伴います。もっとも、価値の定立というのは闘争において直接的な重要性をもちます。というのも、熟練工は、多くの場合、教養を身につけようとするからです。当時の熟練工は長時間労働にもかかわらず、本をたくさん読みました。本を読み、自分たちのことを革命の真の担い手だと思っており、非熟練工を指導し教育しました。つまり、彼らは労働者の一種の貴族階級なのです。そして、その周りには、困難から救い出されるべきだが、さしあたりは、労働者階級の枠組のなかできわめて劣った連中がいたわけです。この貴族主義は組合加入というかたちの選択によって表われました。産業別組合をつくる計画がでたとき、熟練工は職能組合のほうを選びました。熟練工組合には非熟練工は入れません。それは、熟練工たちだけを代表するものです。客観的には、これがある種のタイプの組合闘争を作り上げたのであり、当時においては正しかった。というのも、たとえ非熟練工が働きたいと思ったとしても、人数としては少ない熟練工がストを打つだけで、工場がじっさいに閉鎖されるには十分だったからです。こうして、組合活動が展開し、ある種の価値の自己付与がおこなわれ、労働者や非熟練工との関係ができ、ある種の闘争や組織づくりができました。それらのことは、彼ら自身とのあり方や、機械のあり方とぴったり対応していました。彼らのあり方が間違っていたとか正しかったと言っているのではありません。熟練工は、万能工作〔普遍〕機械が彼らをそうあらしめたところのものそのものだったのです。万能工作機械は彼らにとって自らの優越性のようなものだったのであり、彼らは万能工作機械を内面化したのですが、そうした内面化ないし主体化が、無政府主義的組合主義という総体をもたらしたのです。

つまり、ルカーチが主張しているのとは異なり、熟練工が労働者階級および労働者階級の闘争というものの全体性を捉えていなかったためではまったくありません。反対に、生産の中心において、熟練工は、そうした全体を、その当時のありのままの姿で捉えていた。当時、彼らが他の労働者よりもはるかに熟練していたということは本当ですが、そのために、彼らのうちでやや無分別な二次的分子が黄色組合〔御用組合〕を、すなわちある種の騎士団を形成することになったということもまた真実です。それは、彼らの考え、つまり優越感のかたちをとったあの内面化の表われでした。しかし、このような社会的優越感は、まずは半自動機械が、つづいて自動機械が熟練労働に取って代わると、いたるところで消えることになります。だが、当時、現場や闘争の場において、熟練工が半自動機械の存在を予想できなかったからといって彼らを批難するのは酷というものでしょう。もちろん、マルクスは、『資本論』でそういった機械について記述していますが、彼は理論家で、インターナショナルのリーダーでした。マルクスは、生活の一瞬ごとに闘い、機械によって作られると同時に機械を内面性へと変える労働者ではありませんでした。以上のことからわかるのは、階級意識そのものに限界があるということです。その限界とは状況の限界ですが、状況なり矛盾というものは必ずしも最新化《アップデート》されていないためです。考察の対象となるのがいかなる集団であれ、階級意識というものは、機械の進歩や産業の発展といった動向によって階級存在が規定される仕方によって限界づけられているのです。

だからといって、こういった類の階級意識は無駄であった、と宣告すべきでしょうか。無政府主義的組合主義者《アナルコサンディカリスト》は必要な人間ではまるでなかったと判断すべきでしょうか。まったく逆です。彼らが自分たちの能力、自分たちの勇気、自分たちの価値を意識していたからこそ、彼らが組合をつくったからこそ、彼らが闘争の形態を生み出したからこそ――たとえそれ自体は効力がなかったことが今や明らかだとしても――一般工員が出現した際に、他の闘争の形態が現われ出ることができたのです。かくして、闘争の流れにおいて、主体的契機というものは、客観的契機の内部における存在の仕方として、社会的生および歴史的過程の弁証法的発展にとって絶対的に不可欠なものである、ということが確認できるのです。

ジャン＝ポール・サルトルとの討議

発言者：マリオ・アリカータ、ビアンキ・バンディネッリ、ガルヴァノ・デラ・ヴォルペ、
レナート・グットゥーゾ、チェーザレ・ルポリーニ、グィド・ピオヴェーネ、
ロンバルド・ラーディチェ、ジュゼッペ・セメラーリ、フランチェスコ・ヴァレンティーニ

主体性と認識

ロンバルド・ラーディチェ(46)の発言の要約　ラーディチェは、自然弁証法のみに還元されない客観的弁証法がある、と主張する。だからといって、弁証法の一般法則を枚挙できるとするマルクス主義の教条主義が正当化されるわけではない。ラーディチェが強調するのは、現状の二つの危機である。一つめは、主観主義の危機で、これはハイゼンベルクのような、まさにその主観主義を代表する人たちによって前面に押し出されているものであり、科学における擬人観の終焉を示している。二つめは、客観主義の危機だ。サルトルは講演で、主体を認識することによって、主体が破壊される、あるいは主体が変容することを明らかにしたが、これは、「電子、量子、微粒子」といった顕微鏡レベルにおける認識活動にも当てはまる。以上のことから、ラーディチェは、人間の感覚の範囲を超えた自然現象を認識する際に、主体の創造的活動はどれほど関わるのか、反映としての認識および客観主義の妥当性を問題にするのは誰か、と質問した。最後に、ラーディチェは、自己自身についての認識は自己の外に投影されることもあり、その場合には、集団的性格を帯びた過程となるだろうが、それは必ずしも主体は破壊しない、ともコメントした。

サルトル　まず、私が構想した問題の立て方に関する誤解があるように思われます。論じられるべき問題は、主体性であり、じっさい、私は主体性について語ったのです。現実が主観主義に属すとか、客観主義に属すといったことを論じるつもりはありませんでした。私の立場は、主観（主体）と客観（客体）という二つの観念が、切り離されて捉えられるとまったく意味がなくなる、というものです。その点についてとても明快に説明してくれるテクストでヘーゲルはおよそ次のように言っています。「主観と客観との関係」という表現にまつわる不幸とは、主観と客観との関係というときでさえ、「主観」と「客観」が、一緒にある場合の意味で捉えられるのではなく、両者は切り離されがちだ、と[47]。というわけで、あなたが主観主義について語るとき、あなたは、私のものとはまったく異なる理論をもちだしているように思われます。

　私が講演で扱い、これから討議しようとしている問題とはこうです。現実というものがあり、その現実のうちに、われわれがそれであるところの内面性の領域（われわれがそれであるところの存在、すなわち有機体と言ってもいいですし、無機的存在、われわれがそれであらぬところの他の現実と言ってもいいでしょう）があるのだとすれば、主体性をとおして、どのように客観的認識への移行がおこなわれるのか、それを知ることです。そもそも、主体性とは単に、われわれの固有の存在である、すなわち、主体性とは、おのれの存在になるべきである、という不可避なあり方なのです、つまり、単に受動的におのれの存在になるべきである、というのとは違うということです。

　したがって、そうした観点から、きわめて真剣な討議がなされるべきだと思いますが、それは、あなたが引用する科学者たちのように「人間が認識するのは自分だけだ」と述べるのとは別のことです。あなたはハイゼンベルクを挙げました[48]。でも、エディントンも同じことを言っています[49]。こういったものは、どれも観念論を表わしており、現在では、完全に乗り越えられていると思われます。じっさいに、真の問題とは、現実的なものについての客観的認識において、主体的に実存するわれわれが現実と関係するために、いかにして自分を乗り越えるかを知ることです。以上が第一の問題です。この問題については後ほど話してもよいと思っていますが、ともかく、私はこの問題を明らかにしようとしたのです。私が主体性について語ったのは、それがテーマになったときだけです。

ところで、あなたは、自己を認識することは自己を破壊することだ、とも言いました。私はそんなことを言っていません。私が言ったことは、自己を認識することは自己を変えることであり、とりわけ、ある身分《ステイタス》から別の身分へ移ることである、ということです。これは驚くべきことに見えたのでしょうね。あなたは、私自身が実のところ自らの主体性の犠牲者ではないのかと、尋ねました。それは認めましょう。でも、それはまさに、この観点からすれば、誰もがみな対象＝客観へと自己を超越してゆく主体性である、と私が考えるかぎりにおいてなのです。ただ、そこで重要なことは、なにより身分《ステイタス》の変更がある、という点であることを強調しておきます。あなたが提示した科学的認識の例は、ルイ・ド・ブロイ[*25]の言葉、実験者は実験の一部である、という言葉によって要約することができます。ですから、ある種の科学者にとっては——あなたがどう思うか私にはわかりませんが、この点についてはあなたのほうが私よりもお詳しいでしょう——微視物理学のレベルでの実験は、たとえば粒子エネルギーを用いることで、事物を変化させてしまうことだ、と考えられるのです。したがって、たしかにこの次元では私たちの意見は一致していますが、これは事物がその身分において変わる例ではありません。つまり、じっさいに事物を変えているのですが、それは私がこのマイクの位置を変えることができるように変化させることなのです。あるいは、事物にたいしてそれがもっていなかったエネルギーを与えたり、運動があるために、事物の速度と位置とを同時に計ることはできなかったりするということです。しかし、この場合、介入の仕方は、物理的世界に物理的力が介入する、あるいは、物質的世界に物質的力が介入する以上のことをしている、と言うことはできません。

それにたいして、自己を認識する場合には、必ずしもいつも自分を変えることができるなどとは、私は少しも言っていません。まったく違います。なぜなら、自分を反ユダヤ主義者だと認識している反ユダヤ主義者が、反ユダヤ主義者のままであることはとてもよくあることだからです。

身分《ステイタス》が変わる、と私は言ったのです。つまり、われわれは主体〔主観〕性から客観性へ移行し、自らにたいする関係が変化する。あなたは、自分が反ユダヤ主義者でないことをよく知っている、と仰いました。私もまたそのことを確信しています。私は反ユダヤ主義者ではないし、人種差別主義者《レイシスト》ではない。だが、あなたは、自分がまったく反ユダヤ主義者ではないのか否かを、私と同様に知らないのです。ただ経験のうちでだけ、自分の反人種差別主義が、自分のうちに残る人種差別的傾向にたいする一種の適切で、まともで、暴力的な反応のようなものなのか、それとも、本当に人種差別が完全に不在なのかどうかを知ることができるのです。「私はレイシストではない」と完全に厳密に言うことができるような自己認識があると想像することは、水滴（それも、科学的な意味での水滴ではなく、その辺にある水滴）の純粋性を信じるようなものです。言えることは、「私からあらゆる人種差別主義を取り除くためにあらゆる努力をします。私のなか、また私の外にある人種差別主義と闘うためにあらゆる努力をします」ということです。だが、たとえば、自分を反ユダヤ主義者であると思っていなかったあの労働者、私が今朝あなたに語ったあの労働者のように、突然、ある状況をきっかけにして、自分たちが人種差別主義者であったことに気づくことになる人が、ひとりならずいるのです。私はあなたに、自分を反ユダヤ主義者だと思っていなかったが、ある裁判の際や、ある事件の際に反ユダヤ主義者になったフランスの人たちの話をすることができます。彼らは、自分は反ユダヤ主義者ではないと思っていたのに、自分が反ユダヤ主義者であることに気づいたのです。

ところで、注意していただきたいことは、主体性とはそういったものではまったくないということなのです。まず、「人は何ものでもなく」、次いで、自分が反映している複雑な状況を利用して、状況を乗り越え、内面化し、対象化していることに気づき、そうなって、しばしば驚くべき、そして自分自身との別の関係を創り出すこの現実の認識であるような、自らの現実の姿に気づく、ということではないのです。ここで私が頭に描いているのは、たとえば、分析です。分析、すなわち精神分析は、しばしば偽医者によって使われる方法でもあるし、隠れた悪しき形而上学をもっていることも確かです。ただ、誰かにたいして自分を明らかにする技術としては優れたものと言えます。というのも、一瞬自分から離れ、それまで知らなかった事柄が見えるようになるからです。それらの事柄が、知ろうとする勇気や意志をもてないほど恐ろしく、闇に包まれているというのではありません。ただ、われわれの存在様態というものは、距離なしに、つまり絶対的な現前の状態のうちに自分自身というものを生きてしまうものなのです。われわれは自分というものを、自己を認識するために立ち返る対象をきっかけにすることによってしか発見できないのです。したがって、われわれが謎めいた根源と繋がっているなどと考えてはなりません。ここで問題になっているのは、実存の深く隠されたよく知らない源泉がある、と断言することとはまったく違うのです——今朝、マルクスを引用しながら、ある人がいみじくも言っていたように、人間は自然的存在以外の何ものでもありません。人間はまた、その後、自然から区別されたがゆえに、社会的存在でもあります。ただし、これ以上さかのぼってみても、何も見つかりません。それゆえ、ハイデガーのように、〈存在への開け〉[*26]のもとの実存といった深い源泉を探すことは論外です。そのようなものは何もありません。ただ単に人間がいるだけです。そして、人間が自己自身に現前する仕方は、まずは、認識を除外するのです。

　そこで、最後の論点ですが、あなたは、半盲症の人のケースにはほとんど興味がない、と言いました。しかし、半盲症の人とは、自分が反ユダヤ主義者であることを知らない反ユダヤ主義者のことなのです。あるいは、自分がレイシストでないことを知っているのに、反ユダヤ主義者になるまっとうな人のことです。というのも、突然、ある社会におけるユダヤ的要素が社会にとって政治的に邪魔なものになるような政治状況というものがあるからです。その場合、ユダヤ的要素は、反ユダヤ主義が異なった形で強烈に組み込まれているところの全体性として、再結成され、再編成されます。次に、われわれ全員にとって不可能なことがあります。この私は五十六年の人生を送ってきたわけですし、みなさんは、それ以上の人も、それ以下の人もいると思いますが、ともかく、私にとってもみなさんにとっても、自分をア・プリオリに明瞭なものと見なすことは不可能ですし、われわれは、自分たちがしかじかのものであることをよく知っている、と言うことも不可能です。まったく何も知らないのです。われわれが試みることができることは、絶えずわれわれ自身を客観化する制御《コントロール》によって、自分を知ることです。しかし、実態を暴き出すような状況以外のところで、自分が何者なのかを正確に決定することは、まったく不可能です。

したがって、私が立ち戻りたいと思う最後の論点は、あなたの取り組んでいると思われる問題と関わっています――この問題はとても興味深く、私は数日前、フランスの共産主義者の友人たちと議論しました。しかし、それは今回語ろうと決めたことの埒外にある問題です。つまり、自然弁証法の問題です。若干のコメントにとどめます。あなたが自然弁証法を確実なものとして提示するとき、あなたはなんらかの主体性を持ちこんでいる、それなのに、ご自分では確実とされる科学的考察を提示しているだけのつもりでいます。しかし、これは完全に同じことではありません。たとえば、進化論が、もし完璧なもの、仕上がったものであったなら、おそらく（vraisemblablement）は弁証法的理論でありえたでしょう。「おそらく」と言うのは、われわれが知っているのは、進化があるということだけで、それは別様であるかもしれないからです。とはいえ、現在では、生物学も思想的危機状態にあり、進化がどのようにして起こったかを、主観的な選択に陥らずに、説明することはできません。今のところ、進化についての一貫した、立証された理論はありません。還元できない厳然たる事実は、進化があったということだけです。個体の原初的諸形態のあいだにかつて連鎖がなければ人間は出現しなかった――言えるのはそれだけです。

同じように、最近、科学について考察する際に、主観主義者が幸いにも勢いを失っている、ということが事実だとしても、それはあくまでも科学の全体的な危機という枠のなかであることも事実です。さらにそうした危機そのものは——この点は、あなたの発言のうちでもとても興味深いものへと繋がっていますが——限定された有機的存在としてのわれわれの認識の限界(決定的なものであれ一時的なものであれ)におそらく由来することも事実ですし、多くの物理学者がそう思っているように、いくつかの問題を取り扱うことを可能にしてくれる数学的道具がいまだに開発されていないということにたぶん由来する、ということも事実です。しかし、こうした危機があるからといって、自然の弁証法を、あなたが嫌う何か、つまり、擬人化された投影とは別のものと見なすことはできません。史的唯物論のなかには、明瞭で理解可能な弁証法があります。つまり、私は、あなたが私に説明してくれた弁証法的な客観的かつ現実的事実を理解することができるばかりか、私は弁証法それ自体を、それがそこで機能しているかぎりにおいて理解することもできますし、弁証法を歴史という全体化から出発して理解することもできます。そのとき、否定の否定は肯定になるので、私は、否定的なものを全体から出発して理解します。なぜなら、じっさい、私は、いかにして、全体において、否定という孤立がそれに続く事実によって除去されるのかを、よく理解しているからです。われわれは、全体の肯定性に、たとえば、上位における差異化に戻ります。そのとき私が理解していることは、歴史の全体という全体の内部で何が起こっているかについてです。たとえば、現代の物理化学的知識の総体が、日々進歩する知識であり、それも日進月歩の進歩をする知識であり、まさに、進歩中であるために、危機に陥っているのですが、そうした知識の総体は弁証法的次元に属している、と私が断言する場合、私は、自分が知っていることをまさに人間的次元に移し替えています。というのも、あなたが言ったように、そうした人間的次元こそマルクス主義の揺籃そのものだからです。人間、史的唯物論における人間、社会の内部で、社会的人間である自らの行為と自らの客観的現実によって自分自身を定義する人間なのです。したがって、それは人間にとって妥当な思想です。本日の討議の範囲は完全に越えていますが、私は次のような問いを立てましょう。時間のうちにこういったものを投影するのは擬人化だとは思いませんか、と。自然弁証法が存在するかもしれない、ということは否定しませんが、それは別な弁証法となるだろう、と私は言っているのです。ここでわれわれは難しい問題にぶつかるのです。以上が、私が答えようと思っていたことのすべてです。

弁証法について

ヴァレンティーニ(50)　今朝のあなた〔サルトル〕の発表についていくつかコメントしたいと思います。私の指摘を、反論としてではなく、質問として受け取ってください。

あなたは主体性について語りましたが、同時にある意味では、ご著書の『弁証法的理性批判』の紹介をしました。ただ、私の印象では、その第一部、とりわけ実践的‐惰性態の紹介だけにとどめたようです。あなたの挙げた例は、実践的‐惰性態の次元に留まっています。そこで、質問なのですが、実践的‐惰性態の次元を越えた場合も、研究と分析の観点から言って、主体性というテーマは有用だとお考えですか。あなたが集団と歴史について語るとき――私はあとで、ロンバルド・ラーディチェ氏やそのあとの発言者たちによって提起された問題に戻ります――また、歴史と呼ばれるものを見て、それについて語るとき、さらには、自然と呼ばれるものが問題になっているときでさえ、主体的なものはその役割を失うように見えます。そこで、私は、あなたが――そのような研究の次元においてさえも――あの主体の発見学的カテゴリーがあいかわらず役割を果たしうると思っているのかどうか、知りたいのです。

私は、今朝の発表にも、あなたの本にも、ヘーゲル的リズムがあるという印象をもっています――そう言ったからといって、批判を述べようというわけではありません。あなたはいくつかの例を示しました。また、パーチは、ロビンソン・クルーソーは実在しない、と明言しました。そのことは、ヘーゲルが、『精神現象学』以前に述べたことを思い起こさせてくれるでしょう。ヘーゲルは、『精神現象学』以前にも、主人と奴隷、感覚、知覚等々の例を取り上げています。あなたが挙げた例は、ヘーゲルが『精神現象学』の冒頭の部分で語ったそれらの弁証法的諸形態の例と同じ役割をもっている、と私は思います。

ヘーゲルが精神そのものについて語るとき、ヘーゲルが――〈恐怖政治《テロル》〉を分析することによって――フランス革命について語るとき（あなたは、フランス革命について、ご自分の本の何箇所かで議論しています）、ヘーゲルはもはや主体性について語りません。ヘーゲルが〈恐怖政治〉について記述するとき、彼は少しもロベスピエールについて語りません。主体性の問題は、ヘーゲルにおいて、弁証法的水準、すなわち、上位の次元での分析が問題になっている際には、いかなる有用性もないように見えます。言い換えると、あなたが個人的実践および実践的‐惰性態の実践と呼んだものを越える次元での分析が問題になっているときのことです。

私の質問は、別な質問にも繋がっていくものですが、次のようなものです。いかにしてあなたは、現在のあなたの立場、すなわち、あなたがマルクス主義的と呼んでいる立場と、あなたの思想の第一段階として定義されうる時期の研究とのあいだの関係を説明するのでしょうか。

あなたは初期論文において、意識に関する卓越した理論を提供しました[51]――たしか、哲学研究におけるあなたの最初の現象学的論文だったと思いますが。あなたは、超越性と自我について論じています。また、『存在と無』で、意識の構造について論じ、対自存在としての意識と、惰性的な即自存在である事物の存在とのあいだの区別をおこないました。われわれの多くがあなたの思想を読み、研究しました。また、多くの人は、そうした意識論のなかに観念論的傾向を見た気がしました。同様に、あなたの批判的考察はヘーゲルの影響を受けていると言いうる、と私は思います。つまり、精神は知覚であるだけではなく、すなわち、精神は知覚の次元において汲み尽くされるわけではなく、より上位の次元があり、そこでは意識が厳密に言って役割をもっていない。その次元で、ヘーゲル自身は偉大な人間について語りますが、それはまた別の話です。以上が、第一の質問です。

ここで問題になっているのは、おそらくヘーゲルが反省哲学にたいする批判として主張した内容を思い出すときに出てくる質問だと言いたいのです。私としては、実存主義というものは、あなたの実存主義であっても、そして、最も最近の段階のあなたの思想も含めて、反省哲学だと考えています。すなわち、精神は知覚であるばかりではなく、意識であるばかりでもない。そこから、一つの問題が提起されます。とても重要な問題であり、また、解決可能な問題でもあることは明らかですが(この問題については、会場にいる専門家の皆様の意見を拝聴できるものと思います)、それは、あなたの現在の立場、弁証法的立場、それと現象学との関係です。ここで言う現象学とはフッサール的意味においてばかりではなく、あなたがこれまでの著作のなかで展開した意味においてです。

さらに、別な指摘をします。今日は、『弁証法的理性批判』の中心的なカテゴリーである──と私は思っているのですが──希少性について話しませんでしたね。ところが本のなかでは、何度も言及され、人間は希少性の歴史的産物である、とまで言っていました。思うに、あなたが他の場所で述べたことを考慮することは大いに有益です。有名になった言葉があります。たとえば、「人間は無益な受難である」(52)。これは『存在と無』の言葉です。あるいは、「人間は一つの絶対である」(53)。これは、記憶が正しければ、『レ・タン・モデルヌ』誌の「創刊の辞」の言葉です。さらには、「人間は歴史的産物である」、つまり、人間は希少性の産物である(54)。この意味では、明らかに、意識はもはや純粋意識ではなくなり、意識はそれ自身歴史的なものであり、希少性の作用を被っている。もしこのことが基本的な次元で真実だとするならば、たとえば、個人的なものと実践的-惰性態との次元で真実だとするならば、私が思うに、それはなおさら上位の次元で真実です。

最後の質問です。今朝、あなたは弁証法の例を多く挙げました。ロンバルド・ラーディチェ氏とルポリーニ氏も、同様に、続けて弁証法の例を挙げました。あなたはとりわけ生物学から、生物学を参照しつつ、そうした例を取りあげ、弁証法の例を提示しました。半盲症の人の例、つまり、病理学的な視覚障害の例がありましたね。あなたはまた、有機体について、というか、有機体という全体性について語りました。あなたの弁証法はとりわけこうした全体性の弁証法です。その意味で、あなたの弁証法はヘーゲル的です。デラ・ヴォルペ氏はまったくこの点で正しいと思います。ここでは、全体性の弁証法、それもヘーゲル的全体性の弁証法が問題になっているのです。しかし、それは、私にとって、あなたにたいする批判ではありません

――言うまでもないことですが、明言しておきます。繰り返しになりますが、質問したいだけなのです。

生物学や生物学研究の水準で参照すべき例がたくさんあります。そこには、全体性という構造や配置があるからです。メルロ＝ポンティも、『知覚の現象学』（一九四五年）のなかで、明らかに弁証法的で全体性に関わる構造を含む例を延々と展開しています。あの有名な、片腕を失った人とその幻影肢の例がありますね、腕を失った人は全体性を再構成しようとするというあの例です(55)。

ここで、コレッティ氏の発言を参照しつつ、ルポリーニ氏にも同じ質問をしたいと思います(56)。この次元で弁証法と全体性について語ることは実り多いことだと思いますか。私のほうは、カントの反省的判断、つまり、目的論的判断のことを考えていました。目的論的判断は、新しい知を付け加えることはありませんし、科学者にとって一種の理想および方法でしかありませんし、それは厳密に言えば総合ではなく、反省、すなわち判断でしかありません。しかしながら、新しい知を与える真の判断はこのような目的論的判断ではなく、決定づける判断です。思うに、全体性の構造が機能している生物学的諸科学においてさえ、多くの例を挙げることができます。たとえば、ルポリーニ氏の現実的矛盾に関する指摘について考えたのですが、たとえば、自律神経系同士の、すなわち交感神経系と副交感神経系とのあいだの矛盾があります。両者の機能は対立しており、いわば現実における矛盾を表わしています。だが、これは、はたして真の矛盾なのでしょうか。こうした主張をすることは、有益で実りあることでしょうか。新しい知の観点からして、何も付け加えない、と思うのです。

さらに、ルポリーニ氏が言ったこと、つまり、諸科学の統一性および弁証法の役割の問題について述べます。

個人的には、弁証法とは精神に、もちろん、ヘーゲル的精神に関わることだ、と考えます。たとえば、弁証法家でヘーゲル主義者のフェッサール神父(57)が、ヘーゲル的弁証法を使って、イグナチオ・デ・ロヨラの霊操に関するきわめて興味深い研究をおこないました。とてもよくできた研究です。

批判ではないのですが、ある種の体験、精神の体験と呼ばれるものがあると思います〔主人と奴隷がそうですし、フェッサール神父が述べたイグナチオの霊操もそうです〕。こういった体験では、弁証法の図式は有効です。一方、自然が問題になるとき、生物学のケースにおいてさえも、この図式が同じく有効だとは思えません。おそらく歴史研究が問題になるときもそうです。ここで問題となっているのは、人間学という問題、すなわち、ある種の擬人観です。

ヘーゲル的弁証法が常に機能するのでないのなら、それは法〔法則〕ではないと断言できるでしょう。じっさい、私は、ヘーゲル的弁証法は法ではないと考えています。私の見解では、あらゆる現象をひとまとめにすることができる法があると考えることは、一元論的偏見です。このような一元論的偏見があるのです。それほど普遍〔一般〕的な法はない、存在しないのです。思うに、現実はもっと豊かです。そのような一つの法が、すなわち、あらゆるものの基本構造として見出されるような弁証法が存在するはずだと考える人がいるとしても、世界には哲学が夢想するよりもはるかに多くのものがある、と答える人のほうが、常に正しいと思われます。以上です。

サルトル　逆の順序でお答えしましょう。最後の質問から答えます。それが最も興味深く、最も普遍的なものに思われますから。じっさい、この問いは弁証法の問題そのものを提起しており、今回の会議の目的すら凌駕しています。ですから、まず、私がどこまであなたに賛成なのかを示すべきでしょう。じつは、弁証法的解釈を自然へ投影することは、弁証法を方法として援用する科学者の場合は別にして、作業仮説なり、カント的な統制的原理ないしは理念という位置にあり、そのようなものには、私は反対ではありません。弁証法的解釈が科学者に何かをもたらすかどうかを見きわめるのは、科学者の仕事です。ただ私が見てとることは、今日、科学者は弁証法的解釈をほとんど利用していない、ということです。科学者としての科学者は、弁証法をほとんど利用しません。さらに言うと、敵対する力を、肯定的《ポジティヴ》なものと否定的《ネガティヴ》なものという次元で扱う場合もありますが、なんらかの世界における方向性と見なすのであって、それはまだ弁証法ではありません。与えられるのは、方針、方向づけ、せいぜい、対立であって、矛盾ではない。したがって、弁証法の限定に関しては、あなたに全面的に賛成です。一方、問題が私にとってより厳密なものに見えるのは、歴史において、史的唯物論の次元です。あなたが示唆なさろうとするように、ここでも弁証法の領域とそうでない領域があるのか、それとも、全面的に弁証法的な総体というものを想定すべきなのか、それを知る必要がある。この点について、お答えします。私は、弁証法というものを、法とも、法の総体ともまったく見なしていません。弁証法的運動に基づいて法を立てようとすることはできるでしょう。おそらく、［アンリ・］ルフェーブル*27のように、弁証法の論理学を立てることもできるでしょう(58)。それもよいでしょう。しかし、それはまったく副次的なものに私には思われます。

真の問題は、歴史というものが全体化であるか否かを知ることであり、また、もし歴史が全体化であるなら、全体化される現実的総体の構造とはいかなるものかを知ることです。私が弁証法について語るのは、この次元なのです。私にとって、弁証法とはまさにこういったものです。問題は全体性ではなく、進行中の全体化の諸構造の総体なのです。私が弁証法に基づく批判的著作〔『弁証法的理性批判』〕を書いたのは、まさに文学全体のなかで、マルクス主義文学だけでなく、文学全体においてです――というのも誰もが弁証法について語るからです――が、弁証法的事象が完全に韜晦《とうかい》されているように思えたからです。まるっきり理解されていなかったのです。ちなみに、私はレヴィ＝ストロース[28]の驚くべきテクストを引用したのですが、彼は弁証法を二項対立のように語っています。ところが、二項対立はあらゆるものでありえますが、弁証法だけはありえません。要素を分離するからです。ところで、私が試みたこと（誰もが試みることができると思いますが）は、弁証法に可知性〔理解可能性〕を与えることでした。ヘーゲル的可知性ではありません。つまり、自己を形成する「精神」から出発した可知性ではありません。人間が相互的に存在しかつ全体化が存在する次元における、物質的な可知性です。ですから、議論すべき問題は二重のものです。いま議論すべき問題は、人間社会において全体化の事実はあるのかないのか、ということでしょう。私の考えでは、マルクス自身は、生産とはひとつの全体である、生産過程とは全体であると言うとき、これに答えているのです。そう。じっさい、そこを出発点に彼は答えました。では、なぜ生産過程とはひとつの全体なのでしょうか。この問題はわれわれを生物学的個人へ、あるいはむしろ、心身的〔心身を具えた〕個人に導きます。というのも、欲求－労働－享受としての人間というものがひとつの全体だからです。そこから出発してこそ、人間同士の諸関係は、二項のかたちでもって、すなわち、対称的ないしは非対称的関係というかたちでもって、自然等との関係により支配されつつ、全体化を開始することができるのです。また、そうした全体化から出発してこそ、われわれは、ア・プリオリにではなく、歴史そのものにおいて、いかなる条件で全体化が消え去るのかを知ろうとすることができるのです。そのときこそ、われわれは弁証法の可知性と出会うにちがいありません。というのも、われわれ自身が弁証法を作る存在であるからです。弁証法の可知性とは、個人レベルの明証性ではなく、相互主体的な明証性、人間レベルでの明証性と言ってもよいでしょう。これがあなたの質問にたいする私の回答です。

ところで、私が挙げた心身的次元に属する例に関して言えば、半盲症の人の例を上げましたが、それはこの例が単なる有機的反応に収まらないからです。というのも、私は、有機体に関しては真の意味での弁証法を確立できるとは思わないからです。自己制御の現象、総合の現象等々を確証するにも、人はあいかわらず外にいます。だが、人間のような心身的存在がいるようになると、また、知覚、反省、知と無知、行為といった要素が含まれるようになると、全体化がおこなわれる。これこそ半盲症の人のケースで起こることです。なぜなら、これは人間以外の有機体の場合とは違うからです。人間以外の有機体においても、全体を維持しようという傾向は多かれ少なかれ見られます。たとえばカエルの大脳を取り除く場合です。しかし、問題は、人格性が完全な状態にある人間、身体的であるばかりか精神的でもある諸事象によって、統合を失いかけている全体を再構成しようとする人間です。だからこそ、私は半盲症の人の例を取り上げました。というのも、この例は、さらに、私が物質的と呼ぶレベルで展開しているからです。つまり、そこで問題になるのは、諸観念でもなく、観念化でもなく、客観化でもない。なぜなら、単なる知覚のレベルだからです。そして、まさにこの知覚において、弁証法の基本法則を与えてくれるような再全体化の試みが、見てとれるのです。

特に、この問題に関するご批判に答えましょう。あなたは、なぜ全体の内部や全体化において対立や矛盾があるのかよくわからないと言ったわけですが、そっくりご批判を差し戻すことで、答えたい。私にはどのようにして無限の自然のうちに矛盾がありうるのかが理解できません。私には、ある統一性の内部で、二つの力（それが意識かどうかはまったく関係なく）が対立していて、統一性を破壊したり、統一性を占領したりするというかたち以外には、矛盾を考えることはできません。階級闘争は、全体化される社会の内部、つまり、フランス社会やイタリア社会といった統一性の内部でなら理解できます。それにたいして、ただの分散からなる世界に由来し、われわれを取り囲んでいる分散した宇宙に由来し、ひとつの粒子に固着する二つの力のあいだに生じる闘争とか矛盾的対立などというものは、わかりません。そこには、二つの力の一方が破壊されることで統一性が回復するという考えがありません。プロレタリアートがブルジョワジーを粉砕するとか、他の力が生まれるケースとは違うのです。ブルジョワ階級は普遍的階級として自らを提示し、統一性を保証するとしていた。二勢力のどちらもが全体を担うということはない。この点が、とても重要です。

以上が、あなたの第一の質問にたいする私の答です。要するに、私は、唯物論的弁証法が、歴史の発展を考察する唯一の方法だと考えている。他の方法があるとは思えません。じっさい、私が唯物論的弁証法に関する本を書こうとしたのは、唯物論的弁証法を修正するためではなく、あまりにも色々な意味や方向で用いられている唯物論的弁証法を解放し、それを明晰にするにはどうすればよいかを検討するためです。明晰さとは、人間の人間にたいする透明性のことですが、それは、所与のものではなく、むしろ要請されているのです。

なぜ私が、この点で希少性の問題*29に触れなかったのかという質問もありましたが、その理由は、実のところ、主体について十分に定義がなされていないためです。私が示そうとしたのは、客観性を生み出す際に、どのように主観〔主体〕性が形成されるかということだけでした。ひとつの現実があるとして、その現実は、内面化の領域であったり、外在的な領域であったりしますが、二領域のあいだには総合の関係がある。客観的なものを生み出すためには、この客観的なものがまさにひとつの現実によって捉えられた内面性における存在全体の把捉であるという仕方以外には考えられません。一方、この現実が主観的なものになるのは、客観的なものを生み出したり、捉えたり、発見したりすることによってでしょう。客観的なものとは、現実と関係があるかぎり、現実の眼前にある物質にすぎないのですから。ところで、こういったことを示すのに、希少性に基づいた歴史的観点に身を置く必要はないのです。もちろん、質問の立て方を変えれば、事情は別です。つまり、いかにしてこの主体性は条件づけられているかとか、いかにして人間は、希少性から最も近いレベルにおいてと同様に、希少性から最も遠いレベル、最も間接的なレベルにおいても、条件づけられているかとか、いかにして人間の主体性そのものが全面的に希少性であるのかとか、さらには、いかにして希少性が個人の活動を形成するのか、といった問いかけの場合です。言いたいのはこういうことです。ある種の状況によって、ある人が必要〔必然（nécessaire）〕とされる社会が生み出される状況があるとします。ただ、それは、社会がその人を必要〔欲求（besoin）〕とするからではなく、複数の力が相互に相殺するために、ひとつの象徴のようなものがいるからです。その人自身、希少性なのです。というのも、人物は見つかることも、見つからないこともあるが、たとえ見つかる場合でも、もともと状況が想定していたような人物ではなく、それゆえ、まさに、この人間の希少性に由来する状況の特異性にわれわれは直面するからです。

そういうわけで、以上のすべてに喜んで賛成します。ただ、歴史的秩序の展望を、私は話題にするつもりはありませんでした。というのも、私にとって、真の問題は、主体‐客体の総合的関係はいかなるものかを知ることだったからです。すると、あなたは尋ねました。どのような仕方で、主体性は、実践的‐惰性態を乗り越える歴史的形態に介入するのか。つまり、このような実践的‐惰性態の乗り越えがあると仮定して、それ自身、必然的に、主体的なもの‐客体的なものの乗り越えであり、惰性的要求ということになる。というのも、その背後には現実的要求をもった人間たちがおり、実践的‐惰性態の乗り越えとは、惰性的要求としての人間であり、システムを生み出すのだから、と。この問いにたいしては、まずこう答えましょう。実践的‐惰性態の全面的解消は、私たちの国においてはなされない。いやそれどころか、社会主義国家においてさえ、別な問題が起こり、実践的‐惰性態は存在します。というのも、実践的‐惰性態を生み出すのは抑圧だけではなく、人間と機械との関係、機械や経済が人間に課し、再び伝達(retransmises)される要求も、そうだからです。いたるところに実践的‐惰性態がある。したがって、この次元では、いたるところに主体性がある。とはいえ、とりわけ、社会主義諸国において、そこから脱するための集団の努力というものがある。ここで、私が先ほど述べたことにたどり着くわけであり、それはきわめて重要だと思うのですが、私が思うに、階級あるいは集団あるいは党というものは、自らにとって客体〔＝客観〕になればなるほど、それだけいっそう、歴史の担い手になる。言い換えれば、主体性は残るが、一方で、反省によって弱化した現実として、他方で、瞬間ごとに取り扱いやすい対象として残るのです。このことはあまり強調されていない特徴の一つだと思います。

フランスのある保守的な歴史家がこのことを強調しています。彼は、十九世紀における身体、誕生、死、家庭生活にたいする態度の変化を分析しました。〔フィリップ・〕アリエス*30という人物で、『十七世紀から十九世紀にかけての生や死を前にした態度、それらの変化のいくつかの側面』(一九四九年)という本を書いたほか、十八世紀における、自然なものに関する考え方、たとえば、出生率の問題についての考えなどに見られるあらゆる主観的なものについて、明らかにしました。それによると、当時の人びとはいかなる産児制限《バースコントロール》もせずに子どもを作っていたわけですが、調整のために死をあてにしていたわけです。こうして、適度な数に落ち着くわけですが、その適度な数とは、人が生まれ、人が死ぬという、一種のなりゆきまかせ(レセ＝フェール)から成り立っている。ところが、十九世紀になると、一人目は生まれるにまかされますが、二人目は産児制限というブルジョワ的実践を駆使して、性行動の領域も含めて、親による親自身の身体の操作の産物となりました。というのも、こうなると、人は自分自身の身体を一つの対象として捉えることになるからです。同様に、死を前にした態度とか、ケアすべき身体を前にした態度も、まったく新しいものとなりました。つまり、今では、身体はわれわれにとって、自分という主体性であると同時に、自分という客体でもあるのです。

このことがわかるよい例は、たとえば、五十年前のアンナプルナへの登山者と、現在の登山者の違いを見るときです。現在の登山者は、自分を客体として扱い、自分の能力、自分の力量を高めるためにあらゆる手段を利用します。そのため、現在の登山者は、かつての登山者とは何の共通点もありません。後者は、もっぱら行為者であり、しかも、自らの主体性によって動揺してもいたのです。以上のことから、次のように考えることができるでしょう。現実に集団や階級がその現状を本当に意識するようになり、それと同時に、階級意識を（これは、同じことですが）もつようになると、自らの客観的限界を考慮しつつ、また、それを利用しつつ、行動することができるようになる。必ずしも正確にルカーチの言葉ではありませんが、彼の考えに十分あてはまる表現を用いて言えば、人は、自分にとって客体になればなるほど、それだけいっそう主体になる、ということです。

ところで、あなたが立てた問題は——ピオヴェーネ氏が後で発言されるかもしれませんが——この次元における芸術の問題と響き合うでしょう。主体性から解放された社会を想像するとして、ただ、それは主体性がもはや存在しないことではなく、主体性が常に客体の状態にとどまるということですが、そのとき、この領域にも芸術家がいると考えられるでしょうか、また、芸術における主体性の役割は何なのでしょうか。これは、まったく別の問題です。このレベルでは、私がおこなおうとしたことは反省哲学と呼ばれているもののレベルにある、とあなたが述べたのは正しいのです。ここでいう反省哲学とは、精神が自己を反省するということではなく、反省によって現実的に生み出された自己との隔たりができたレベルで、主体性から発して、社会的人間や集団をその客観性において規定しようと試みる哲学ということです。たとえば、本日の講演で、ある人物のことを、当人が使った「騒動」という言葉によって説明しようとしたわけですが、そこで問題にされていたのが、言葉の通常の意味での反省ではないことはおわかりでしょう。というのも、通常の意味での反省は、人物の生の総体を示してくれるわけではないからです。ここでなされたのは分析的遡行であり、それが、次いで、綜合的前進へと続かなければなりません。後ほど、この前進がどのようなものであるかについて、また、われわれがどのようにして歴史へと移行するのか、さらにはとりわけ主体性の役割というものを記述します。これでお答えできたと思います。

ルポリーニ(59) 私の理解がまちがっていなければ、あなたは論争的問いを立てられた。あなたは、乗り越えの契機が存在しており、その契機においては、主体性は客体性の状態にとどまっているだけだと想定しています。しかし、それを規定するのは何でしょうか。ほんとうに問題はそれでしょうか。それは正確でしょうか。私はこのような問いを原則的に否定しなければならない、と思います。私の考えでは、社会的な生において、主体性が客体性の状態のみにとどまるような、そんな契機は決してありません。

サルトル 少々誤解があるようです。私が言ったのは、反省された主体性、あるいは反省の対象である主体性というものは客体の状態にとどまっているが、反省そのものには、その実質において、主体性であるということです。反省されていない直接的意識を考えてみましょう。先に見たように、距離なしに存在するがゆえに、意識は主体的なのです。しかし、ある種の矛盾を含んだケース、たとえば、共産主義者であると同時に反ユダヤ主義者である例の労働者のようなケースでは、反省が生じるための動機がある。この反省が一次的意識、つまり一次的主体性を、反省された主体性として捉えることになる。この反省は、一次的意識をほとんど距離を取りながら捉える。この一次的意識、すなわち、反省されたものである意識は、次第に客観化されるでしょう。この意識が次第にその客観的動機づけにおいて捉えることができるというのはちょうど、自分自身にたいして精神分析を習慣的におこなっている人たちがしていることに似ています。彼らは、怒りや恐れや不安といった感情の動きが自分たちのなかに生じてくるのを見るまさにそのときに、それらの感情の動きを客観的形式の下で捉えることができます。だからといって、主体性が現われないわけではない。というのも、人間は主体性であり、それ以外のものではありえないからです。私が言いたかったのはこの点なのです。主体性をその本質において抹殺することは、論外でしょう。

マルクス主義と実存主義

セメラーリ(60)　全般的に言って、われわれの議論は、『弁証法的理性批判』が依拠している前提を十分に考慮に入れていないと感じます。おそらく、サルトル氏本人が自らの立場を要約して発表した際、その前提を十分に強調しなかったのではないでしょうか。じつは、『弁証法的理性批判』は特殊な時期に生まれたものです。そこに出てくる問題は、サルトル氏の著作そのものだけでなく、現代の政治・文化的状況のうちにも先例を見つけることができます。みなさんご存じのように、『弁証法的理性批判』を生み出したきっかけは、一九五七年に『レ・タン・モデルヌ』誌に発表された『方法の問題』というきわめて長い論文です(61)。ところで、一九五七年は、『方法の問題』の論拠についてのわれわれの所見にとって、注目すべき年です。それは〔ソ連共産党の〕第二十回党大会とハンガリー事件〔一九五六年〕の翌年です。サルトル氏はすでに、ずいぶん前に『存在と無』(一九四三年)を公刊していました。『存在と無』と『弁証法的理性批判』とのあいだに、『文学的ヒューマニズム』[62]や、メルロ＝ポンティの『弁証法の冒険』(一九五五年)や『知覚の現象学』(一九四五年)といった著作もあります。メルロ＝ポンティについては、『弁証法的理性批判』のなかで明確に言及されてはいませんが、その姿は見てとれるように思われます。でも、こう言ったからと言って、サルトルの方法の独自性と新しさや、ある意味では、『弁証法的理性批判』の方法がサルトルのそれまでの著作から見て一貫性があるということを等閑視しようというのでもありません。

ところで、今朝、私がごく簡単にみなさんの関心を喚起したいのは、まさに『弁証法的理性批判』の最初の序論部分です。この発言を通じて、私は、公平な観客という立場、正統派マルクス主義の観点も、非マルクス主義の観点も取らない立場をとります。つまり、サルトル氏が『弁証法的理性批判』を書いたときに、彼が自らに目標として課した問題に取り組む者の立場です。

『弁証法的理性批判』の冒頭からこの問題ははっきりと述べられています。サルトル氏は言っています。私の目標は現代の問題を立てることである。われわれは現代の問題に、哲学者として、政治家として、社会学者として、また、イデオローグおよび心理学者として、また、文化人として、同様に一般人として、関心をもっている。その問題とは、人間学を構築すること、つまり、人間を、根本的かつ全面的に人間的な仕方で把握することです。こうした見方に近づくために、こうした理論的見地を豊かなものにするために――なぜなら、見るということは理論的な方法であるから――われわれはいくつかのやり方を実行し、いくつかの文化的選択をおこなわなければならない、と。

ところで、マルクス主義は、こうした構造的で歴史的な人間学[*30]を作り上げるのに役立つ道具として、われわれの選択肢のなかに入っています。私の考えでは、そこが基本的な問題点です。一方で、昨日は、さまざまな発言を聞きながら、こうした展望がいくぶん脇におかれている、という印象をもちました。また、実のところ、問いかけがむしろ、絶対的性格をもった一種の選択、すなわち、ある種のマルクス主義に基づいているという印象をもちました。このマルクス主義とは、全面的に現代文化に組み込まれているにもかかわらず、怖じ気づくことなく根本的な見直しを図ろうとするものです。

昨晩は、ある有名な仲間が反対意見を言っていました。「もちろん、そうすることはできますが、そうするならば、注意が必要だ。すべてについて議論することになるから」。そう、問題はそこなのです。すなわち、まさに必要となれば、すべてについて討論する気でいなければならない。ところが、私は、そんなことは問題でないと内心思ったのです。どちらかを断固として選ぶべきなのです。つまり、あらゆるものに開かれたマルクス主義、現代の文化的文脈における最も急進的な修正主義すら含めてなんでもやる気のマルクス主義なのか。それとも、自己自身に閉じこもり、スコラ化したマルクス主義、対話に応じる用意があると公言しながらも、その対話が結果を生み出しはじめ、ある意味で、すべてのことを解決する方法となると、再び自分の殻に閉じこもってしまうマルクス主義なのか。

西洋文化の歴史には、似たような前例があります。たとえば、キリスト教の領域においてです。実のところ、キリスト教も同じ過程を辿りました。ある意味で、キリスト教は、われわれの世界の文化のあらゆる可能性を含んでいると主張する定式となっています。特に、ポスト・キリスト教的な文化の明確な諸形態を受け入れるつもりであることを公言するとき、なおさらそうです。

ところで、昨日、マルクス主義者や共産主義者の友人たちの発言を聞きながら、私は、次のような心配が見られることに気づきました。マルクス主義と、もともとはマルクス主義的ではない思潮とが対話することによって、マルクス主義が修正主義への道を歩むかもしれない、マルクス主義のいくつかの土台が根底から疑われるようになるかもしれない、という心配です。とりわけ、討論により、マルクス主義とレーニン主義との接点や分岐点が浮き彫りにされるとき、そうです。もしヘーゲル主義が問い直されるなら、マルクスのヘーゲルにたいする忠誠は、一種の根本問題となります。もしヘーゲル主義に限界を設けるなら、同様にマルクス主義にも限界を設けねばならないし、その逆もまた然りです。

ところで、サルトル氏の問題の立て方は、一方で、マルクス主義を、あいかわらずマルクス主義のなかに生き続けている前マルクス主義的要素から解放することを目指し、他方で、マルクス主義についての解釈を提示することを目指しているように、私には思えます。その解釈は、マルクス主義そのものを、サルトル氏の言葉に依拠して、われわれが広い意味で「実存的」と呼んでいる、マルクス主義本来の中心部へと再び連れていくものです。かくして、『方法の問題』の公表後、サルトル氏の仕事は、実存主義とマルクス主義を折衷主義的仕方で融合する試みと解釈されました。実存主義は、ある時期からマルクス主義に関心を示し、ルカーチの述べるマルクス主義‐実存主義をめぐる教えを最終的には聞き入れたのであり、マルクス主義の領域のうちに位置づけられるようになった、と言われました。実のところ、『弁証法的理性批判』というタイトルそのものがこのような解釈を正当化していると言われました。じっさいに、サルトル氏は明快で、断固としています。すなわち、彼は実存主義を寄生的哲学と定義し、現代の哲学であるマルクス主義の余白に生きる哲学と定義しました。

とはいうものの、ある時点でサルトル氏は、実存主義はマルクス主義に寄生している哲学と見なされうるし、見なされなければならないとしても、実存主義のほうもまた、まさにマルクス主義の領域においてなすべき要求や主張を有しているという事実にたいして、注意を喚起しました。それはマルクス主義の次元そのものにおける実存主義の要求です。実存主義の実存的投企のことです。このように、注意深い読者なら必ず、次のようなサルトル氏の主張に気づいたでしょう――『批判』の一二五ページだったと思いますが(63)。その主張によれば、マルクス主義が実存的方法、つまり実存的投企の方法を受け入れ、それを我がものとしたのだから、もはや、実存主義の立場とマルクス主義の立場を、それほど対立的で一方的なものとして扱ってはいけない、ということになるでしょう。反対に、実存主義は、哲学を、世界内で、世界の生成のうちで具現し、結局、マルクス主義自体の本質的・哲学的問題を具現した、ということになるでしょう。

たとえ、最初は、サルトル氏がマルクス主義に転向したと思えるにしても――より注意深く読むなら――むしろマルクス主義の実存主義化であるように見えます。もっとも、マルクス主義の実存主義化は、そのような実存主義の構造やカテゴリーの、あるいは実存主義についてのそのような解釈の構造やカテゴリーの、はなはだしい変化を含んでいます。

ところで、『弁証法的理性批判』の「序説〔『方法の問題』〕」の糧となっている動機づけや基礎原理を思い起こすことは、文献学的価値をもつばかりか、決定的な重要性をもつというのが私の考えです。というのも、『弁証法的理性批判』、それとマルクス主義との関係、そしてマルクス主義それ自体は、このように、それらの歴史的文脈において、また、徹底的に歴史的な仕方によって、判定されるからです。

現在では、マルクスのテクストだけ、つまり、一八一八年から八三年までを生きた一人の男のテクストだけを引き合いに出して、マルクス主義の問題を取り扱うことはもはやできません。昨日はいくつかの発言があったわけですが、発言者たちは、『ドイツ・イデオロギー』や『フォイエルバッハ・テーゼ』においてマルクスが、実践に関する実存主義的考えの根本を認めていたことを強調しようとしました。『ドイツ・イデオロギー』において、マルクスは明らかに、歴史過程の前提は、現実に存在している諸個人、じっさいに労働している諸個人によって成り立っている、と言っています(64)。『フォイエルバッハ・テーゼ』や『一八四四年の経済学・哲学手稿』、さらには『資本論』等において、感性についての問題設定がなされたことが述べられました。これらのテクストが参照されたのは、すでにマルクスにおいて、後に『弁証法的理性批判』において展開されるもののすべてが存在していたことを指摘するためだったのです。確かに、ある意味ではそのとおりですが、別な意味で違います。なぜなら、われわれは二十世紀の半ばの一九六一年の今日におけるマルクス主義に関わらなければならないからです。ですから、二十世紀のマルクス主義は、レーニンやスターリンによるマルクス主義の発展と無関係に考察はできません。現代のマルクス主義は、そういったものでもあるからです。

仮にわれわれがマルクスのテクストそのものに関して議論すれば、きわめて有用かつ重要な仕事をすることはまちがいありません。しかし、それが先に述べた構造的で歴史的な人間学の発展に寄与するとはとうてい思えません。また、このような人間学の企てがおざなりの空疎な企てとしてではなく、具体的に実現するために、どのような哲学的‐政治的作業が必要なのかが明確になるとも思えません。その意味で、政治分野に関して提起された議論、たとえば、近年論争の的となった社会主義的適法性の停止に関する議論(65)などを、まさにわれわれがここで展開している問題設定の水準に置く必要があると私には思われます。そうすることによって、まったくマルクス主義的でもなく、まして民主主義的でもない立場、さらにはマルクス主義に特有の問題提起からすれば間違いなくわれわれを非常に困惑させるような立場を、マルクス主義が、そのイデオロギーにおいてどこまで明らかにできたか否かが確かめられるでしょう。

さて、発言を終える前に――もう一度言いますが、私は、解決策を提示しようというのではなく、みなさんの関心を、サルトル氏の講演の前提や根拠に引き戻そうとして発言したまでなのですが――私としては、『弁証法的理性批判』の「序説」である『方法の問題』について、二点、指摘しておきたいと思います。

(1)　一八ページの注1で(66)、サルトル氏はヘーゲル、キルケゴール、マルクスを引き合いに出し、現代記号学の用語を使いながら、ヘーゲルの観点からすれば、シニフィアンは常に「精神」、「絶対精神」、「絶対歴史」であり、それにたいして、シニフィエはその具体的様相《アスペクト》における個人である、と言っています。それに引き替え、デューイ(67)によれば、シニフィアンは常に、そして単に、個人にすぎず、しかも、抽象的性格において考察された個人にすぎません。ところで、マルクスにとって――われわれは、まったく意見が一致していますが――シニフィアンは常に、歴史的に行動する共同体としての個人、また、歴史的実践としての個人です。

まさにそこが、討論で深めるべき点でしょう。シニフィアンとしての共同体を構想し、それをじっさいに使えるものにするための方法です。この共同体が何らかの仕方で構造化されないとき、この共同体は実体化される危険がありはしないでしょうか。したがって、共同体がその具体的決定において個人の上に重ねられる危険がありはしないでしょうか。あるいは、個人と共同体自体とのあいだのコミュニケーションが常に自由で開かれたままであるように、共同体を構造化することは可能でしょうか。〔この点が重要なのは〕もしマルクス主義がこの問題を積極的に解決できるなら、明らかに、マルクス主義は本当に近代思想の前衛にいることになるからです。

(2) 第二の点は——これで私の発言を終えようと思います。発言が長すぎたとしたらお許しください——サルトル氏が、三〇〜三一ページの注1で(68)、主体性の問題のマルクス主義的‐唯物論的根拠についての認識論、すなわち認識論的解釈に関して言っていることに関係します。すなわち、まず、マルクス主義、次いで、レーニンの観点から、いかにして、とりわけ主体性が括弧に入れられてしまったかをサルトル氏は明らかにします。

このように、これは逆説的に見えるかもしれませんが、一方で、サルトル氏は構成的観念論の形式のほうへ、他方で、懐疑論的観念論の形式のほうへ横滑りする。さて、問題は次の点です。すなわち、主体性というものを、主体性から出発して自然環境の客体性に達する、また、その逆でもある、といった循環性のなかに入り込んだものと見なさなければならない、という点にあります。その意味で、主体性を機能的契機、批判的－機能的契機と見なさなければならないのです。その観点からすれば、マルクス主義は、確固たる仕方で、最も高貴で、最も古典的な形式におけるプラグマティズム、つまり、デューイの哲学がそうであるところの具体的実存主義の形式におけるプラグマティズムに開かれているように、私には思えます。デューイの哲学は――私にはそう思えるのですが――その点で、ブルジョワ哲学として定義されることはありえません。

したがって、主体性を、批判的契機、批判的判断停止の契機、客観的状況の還元の契機と見なすことが重要です。私の取るに足りない意見によれば、マルクス主義は、二つの、きわめて肯定的で根本的な教えを遺してくれました。一つめは、知、文化、学問といった人間的基礎に関して。二つめは、われわれの知の構築物をそこに組み入れるような目的論的展望に関してです。この目的論的展望とは、一八四八年の『共産党宣言』のよく知られた形式において、誰かの自由が別の自由の条件となる社会の構築についての展望として提示されています。カントの言葉を用いれば、これは、人間を他の人間にとっての目的であるとする展望として理解されうるでしょう。十九世紀のマルクス主義の経験ではなく、二十世紀のマルクス主義の経験に照らして、批判的であると同時に建設的な話をおこなおうとするなら、この二つのポイントをしっかりと銘記しなければならない、と私には思われます。

ピオヴェーネ(69)　サルトル氏とルポリーニ氏は、一般的であるとはいえ本質的な論点について、意見の一致を見ました。マルクス主義のうちに主体性を見つけることは容易ではないが、主体性はそれでもその思想の中心にあるということです。つまり、マルクス主義にとって主体性は付録ではないということです。ルポリーニ氏の言葉を正確に引用するなら、「客観的な極がマルクス主義の唯一の目標ではない」ということになります。サルトル氏の講演は、その観点と刺激的性格から言って、私にとってきわめて実り豊かなものでした。

私がここで触れたいのは、主体性の問題と結びついているように思われる芸術の問題についてです。私の印象を率直に述べれば、この問題は、最近のマルクス主義研究においてはなおざりにされ、ほとんど深められていません。芸術に関して、マルクス主義に基づいて練り上げられたどんな学説も、どんな深遠な理論も、満足のいくものではありません。間違いなく欠落があるのです。このような理論は本質的なものなのですから。満足に足る学説をもつか否かということは、芸術にとって指標となります。どんなものであれ、ある体系が芸術を説明し、理解できるなら、その体系の妥当性と完全性の証拠となります。体系がそういったものを示せないなら、欠落がある。その欠落は他のあらゆる分野に関わりますが、とりわけ、ここで扱っている問題、すなわち、主体性の問題がまったく深められていないという欠陥が暴かれることになります。サルトル氏の発言について語るにあたり、私は反論から始めたいと思います。じっさいは、反論というほどのものではなく、あるいは、反論にちがいないとしても、その目的は、サルトル氏からの回答を引き出したり、少なくとも、なんらかの議論を引き起こそうとしたりすることにあります。

発表を拝聴して、たいへん感心したことがあります。共産主義者の労働者の例で、その労働者は、ユダヤ人の仲間を前にして、たいへん激しい嫌悪感をもったという話です。ところが、あるとき彼は、自分が反ユダヤ主義者であると自覚する。その自覚それ自体が有益だ、とサルトル氏は言いました。なぜなら、その自覚は、自分が共産主義者であることと、自分が無意識的に反ユダヤ主義者であることとのあいだで葛藤を引き起こすことによって、自らのうちに残っていた矛盾を乗り越えることを助けるからです。もちろん、一貫性を保つためには、反ユダヤ主義は、自覚されたからには、排除されねばなりません。

しかしながら、その後、主体性を自覚することが必ずしもサルトル氏によって肯定的なことと見なされていないという気がしました。個人的に二人でやり取りをした際、サルトル氏に質問をすると、彼は私の印象を肯定しました。こんなことも言ったのです。ある種の芸術作品にとって、さらには、芸術作品一般にとってさえ、芸術家が自分自身の主体性についてもつ絶対的意識は有益であるが、それでも、芸術家は自らの主体性についてある程度の無意識を利用しているのだ、と。ところが、その点が私にはどうも疑わしい、と率直に言わねばなりません。

それに、サルトル氏は、昨日の講演で『ボヴァリー夫人』を取り上げた際に、この点を認めてもいました。この小説は、ある時代のフランスの田舎を描写したものであると同時に、ボヴァリー夫人と彼女をとりまく状況全体に、フロベールの無意識が大幅に投影されたものでもあると主張したからです。サルトル氏は、この無意識に積極的な価値を与えようとしているように見えました。私はそこに疑いをもちました。

私としては逆に、芸術とは、必ずしも自らの主体性を自覚することではなく、むしろ自らの主体性の経歴を自覚的に復元すること、すなわち、客体性になる仕方ではないのかと思うのです。何かの折に、主体性は客体性のなかに投影されます。それでも、主体性は、芸術家の責務である、見る、観察するという主導的な役割を持ち続けています。芸術家はその役割を絶えず自覚しなければならないのです。

さきほどの無意識的に反ユダヤ主義者であった労働者を例に考察してみましょう。この労働者が一冊の本を書き、とつじょ芸術家になり、しかも、この本は反ユダヤ主義的な本であったと想定してみましょう。この本が無意識的に、しかもじっさいにも反ユダヤ主義的であるという事実は、芸術作品としてのその本の価値を減ずることになるでしょうか、それとも、そうはならないのでしょうか。私に言わせれば、まちがいなく減ずることになるでしょう。逆の考え方をした場合、この本の否定的側面は芸術に無関係であると認めざるをえなくなります。つまり、この本は、芸術以外の理由、すなわち、道徳的見地からはこの本が含んでいる判断が是認されえない以上、度しがたいものだとしても、芸術的には素晴らしいものでありうると認めざるをえなくなります。

私としては、その本には芸術面も含めて欠陥があり、また、無意識であることもまた芸術的欠陥となって現われていると思います。過去において、無意識が大いに働いている芸術作品というものが数多くあったし、無意識はある意味で有益であったと主張するだけでは、答えになりません。私にも答えはわかりませんが、この論争は開かれたものとして置いておきましょう。いずれにしても、われわれが訊かれているのとは別のことですから。

実を言えば、私は、芸術は今日では大いに発展しているし、それにより、芸術は、自覚の程度をますます高める方向に向けられ、その結果、芸術家はますます自覚から逃れることができなくなっている、と思うのです。その意味で、サルトル氏の意見、主体性はますます客体性によって吸収されるが、だからといって破壊されるわけではないという意見を、私は高く評価します。芸術と主体性が発展するということは、客体性によりますますはっきりと吸収されるという方向へ向かうのですが、吸収の際に、主体性は性質や状態を変えるとはいえ、減じることも、破壊されることもないのです。

芸術家に関して言えば、芸術家は、真理にたいするますます鮮明になっていく要求と、あらゆるかたちの無意識にたいするますますはっきりしていく拒否とを際立たせるように、私には思えます。私にとって、客観化、それも、芸術においてそう呼ばれているものは、主体性を守るものであり、さらには主体性の有効性を認めさえするものです。すなわち、客観化は、まさしく主体性に根拠を与えるもの、したがって、主体性に新たな価値を与えることによって、主体性の有効性を認めるものなのです。芸術は、私によれば、主体性であり、そうした主体性は、自らを認識し、また、自覚的に客体性に組み込まれます。

サルトル氏は、他の問題点にも触れました。主体性はある状況にたいして与える反応によって乗り越えられうる、と言いました。それも正しいと思います。じっさいに、主体性はある状況にたいして与えられる応答によって自らを乗り越えますが、芸術作品の場合、芸術は、われわれが与える応答であるばかりか、われわれの応答の経歴でもあります。したがって、主体性は、芸術作品のなかに、主導的な役割を見出します。ある意味では、植物は根こそぎ引きぬかれた、と私は言うでしょう。

私は全体化の概念をとても興味深いものと思いました。とりわけ、継続的な再全体化の概念は興味深く、とても実り豊かな概念です。全体化や再全体化は、芸術家の継続的運動だからです。芸術において、われわれは、表現は全体的であらねばならない、また、現実のうちに存在するあらゆるものが表現されねばならない、と感じているのです。すなわち、現実のなかに存在するものはすべて、否定されてはならず、むしろ、表現されねばならない、と。次いで、サルトル氏は、主体性と客体性とのあいだの継続運動をとてもはっきりと明るみに出しました。すべての芸術家がそうした運動を知っているに違いない、と私は思います。議論は、その後、特にジャーナリズムの領域において、内的人間と社会的人間との区別に関して展開したのですが、われわれが放棄せざるを得なかったひとつのテーマを扱っています。それは、主体性が社会的人間のなかに投影される一方で、社会性は主体性において内面化される、というテーマです。それは継続的な運動です。その結果、純粋で抽象的な主体性は存在しないし、存在しえない、と私は言うでしょう。私はあらゆる芸術家の経験に訴えようと思います。私の正面にもひとりいます(70)。彼が私に続いて発言することを期待します。

どうでしょう。われらが友人グットゥーゾ君は、絵を描きながら、絵そのもののために描くということがこれまで一度もなかったと思うのです。これまで、絵それ自体のために絵を描いたという人はひとりもいませんでしたし、文章そのもののために書いたという人もいなかったと思います。

芸術作品の最も主体的な瞬間である制作において、主体性はすでに対話のかたちをとっている、とわれわれはみな感じています。われわれは一定の社会を実現するために働くのです。われわれのどんな労働も、

「主体〔主観〕的」と呼ばれる最も親密な労働でさえ、ある意味では社会的です。常に、社会性の内面化、ないしは、内面性の社会化なのです。それが、私が言いたかったこと、手短かに明るみに出そうと思った論点です。最後に、ルポリーニ氏が昨日言ったことについてちょっと付け加えたいと思います。彼は、自分の発言を、とりわけ芸術理論の方向に深めたいと、個人的な会話で私に言いました。そのような理論を構築することは、すでに述べた理由から、とても重要だと思います。彼がそれを企てることを心から望みます。

サルトル　私は返答に窮しています。私は、あなたが検討した論点について、すっかり賛成なのです。それで、あなたの意見を口実に、より深く主体性の観念に立ち戻ろうと思います。あなたは、社会性は深く主体性に侵入している、抽象的主体性はいかなる意味ももたず、存在すらしていない、と仰いました。ご意見にまったく賛成です。というのも、私にとって、主体性とは内面化と再全体化であり、より曖昧でありふれた言葉で言えば、〈人は生きている〉ということだからです。主体性とはおのれの存在を生きるということです。人は自分がそれであるところのものを生き、自分が社会においてあるところのものを生きます。なぜなら、われわれは、それ以外の人間の状態を知らないからです。人間はまさに社会的存在なのですが、この社会的存在は、それと同時に、自分の見地から社会全体を生きるのです。どんな個人も、いや集団やなんらかの総体であっても、自分自身を生きるべきであるかぎりにおいて全体的な社会の受肉なのだと私は考えます。もっとも、それはただ、包摂の全体化*32の弁証法的戯れ、つまり、社会的総体にまでおよぶ全体化の戯れ、私が受肉と呼んでいる凝縮の全体化の弁証法的戯れを、われわれが理解することができるからです。受肉によって、どの個人も、ある意味で、自分の時代を全体的に表現するのです。そうだからこそ、真の社会的弁証法というものを考えることができる。したがって、こうした条件下で私は、この社会的主体性こそが主体性の定義なのだと考えます。社会的次元における主体性が社会的主体性なのです。

それはどういう意味か。それは、個人がおこなうことはすべて、個人の投企はすべて、個人の行為はすべて、同様に個人が被ることもすべて、社会そのものを反映しているにすぎない、ということです。ただし、それは、ある種のマルクス主義的伝統が言う反映についてのスコラ的意味ではなく、むしろ社会そのものを受肉するにすぎない、と言ったほうがよいかもしれません。フロベールが『ボヴァリー夫人』を書いたのはこのようにしてでした。彼がしたことは何か。彼は、一方で、ある階層、すなわち、一八五〇年頃のフランスの田舎の階層が変化していった様子について、客観的記述をおこなおうとした。変化とは、博士号をもった医師がしだいに免許医*33を駆逐していったこと、信仰心のない小市民階級《プチブル》が台頭してきたこと、等々です。それらすべてをフロベールはきわめて意識的に記述しようとした。だが、同時に、それを書く彼自身はいったい何者でしょうか。彼はそれらすべての受肉にほかなりません。現実に、彼は医者の息子、田舎出身の医者の息子であり、自らも、ルーアン郊外のクロワッセという田舎で暮らしました。彼は土地財産を所有していたので、当時の多くの人たちとはちがって産業への投資はしませんでした。彼はまさに自ら叙述しているところのものなのです。彼はさらに先に進みさえします。というのも、彼は家族の犠牲となり、年金生活者として、家族のなかにとどまり、当時の女性の境遇に非常によく似た境遇において、最初は父に、次いで母に支配されていたため、自分の存在を小説の女主人公に投影したからです。言い換えれば、その作品には二つの構造があるわけですが、根底ではそれは同じものです。というのも、人は自分がそれであるところの社会的存在を全体化するだけですが、同時に、自分が見ている社会を記述しもするからです。フロベールのケースでとりわけ興味深いのは、不品行によって変質したとはいえ、桁はずれの非凡な感受性をもっていたとか、きわめて不吉な幼年時代をすごしたといったことではなく、時代の描写を客観的に目指す本のなかに主体的なかたちで自己投影された当時の現実的生活があるということなのです。そして、この矛盾、そして同時に、この重層決定こそが、作品の素晴らしさを生み出しているのです。というのは、ただ外部にいるにすぎない人たちが描かれているのではなく、フロベール自身の内面化のすべてがそこにはあり、われわれは最初それを感じるだけですが、やがてはっきりと見てとるからです。『ボヴァリー夫人』の物語は奇妙なもので、だからこそ、私はこの本を取り上げるのですし、それは、一八五〇年以降、この小説がリアリズム〔写実主義〕の代表作、いわばリアリズムの『クロムウェル』〔ユゴーの五幕韻文劇〕と見なされたからなのです。フロベールはリアリストとされてきました。ところが、われわれは、実は彼がリアリストでなかったことを知っています。彼が『ボヴァリー夫人』の主題を選んだのは、『聖アントワーヌの誘惑』のなかで表現できなかった自分に関わる何かを表現するためでした。だから、彼は、そのことを現実世界のなかに位置づけ、しかも、自分に関わる多くのことを盛り込もうとした。読者は少しずつ、このいわゆるリアリズムの本が二つの次元に属しているということを、理解するようになってきました。第一の次元は、したがって、フランスの小さな田舎についての、真の、現実的な描写であり、第二の次元は、ひとりの人間についての描写であり、その人間は、多かれ少なかれ自覚的なその描写のなかに投影されています。われわれは少しずつ、そのことを学び、理解したわけです。このことから、私は知と〈非－知〉の問題に戻りたいのです。われわれは、フロベールがこの点についてきわめて自覚的であることを理解したのです。彼は「ボヴァリー夫人とは私だ」と言ったのです。つまり、彼は、自分がしたことを知っていたのです。

とはいえ、あなたと意見を異にするというのではなく、自分の考えを、あなたが言ったこととの関連で補いたいと思っているだけですが、フロベールは、自分が何をしているかを知っていたが、書いているときにはそうではなかった、と言いたいのです。フロベールは自分がしていることについて反省するとき、自分がしていることを知っていましたが、「ボヴァリー夫人のなかに自分を描く」と、心のうちでつぶやくことは決してなかった。もしそんなことをつぶやいていたならば、自分をうまく描けなかったでしょう。そうしたつぶやきは、むしろ事後の反省にすぎないと思います。あるいは、彼がつぶやくのは書く作業をしている途中、しかも、彼が自分の作業について反省したときのことです。あるいは、後でつぶやいた。なぜなら、その言葉は本が出てから発せられたからです。しかし、いずれにせよ、彼が意図的にボヴァリー夫人のなかに自分を描こうとしたことが一度もなかったことは明らかです。彼が望んだのは、すでにもってはいたが、『聖アントワーヌの誘惑』ではまとめられることができず、新たな形で再び取り上げたいくつかの観念を描き出すことだけでした。したがって、ここには三つの観念があり、それこそ、私の考えでは、真の小説を構成するのです。第一は客観的描写、第二は、客観性はあるものの、もはや描写としての客観性ではなく、作品を構成するために自己投影する主体性において体験し直された客観性。第三は、主観的なものと客観的なものは同一のものに関係しているという意味であり、客観的描写と主体性において体験し直された客観との同一性です。すなわち、ある時代のフランスの発展であり、その時代とは、当時役割を終えつつあった免許医であったシャルル・ボヴァリーやオメー氏の目をとおして捉えられたと同時に、時代に自己投影する葛藤を自分のうちに感じるフロベールをとおして捉えられている。たとえば、オメーにたいする憎しみは、熱愛しながらも拒絶された父親にたいする憎しみであり、科学への愛でもあるものとしての科学への憎しみでもあり、とても複雑な混合物です。そうした混合物は、フロベールそのものであり、だからこそ、オメー、ボヴァリー、教区司祭のブルニジアン司祭を登場させた際、フロベールは、客観的なかたちをとりながらも、じっさいには、とても情熱的なかたちをとったのです。フロベールは、ブルニジアン司祭については、〔エンマが〕信仰をもとうと思っているのに、信仰のための鍵を与えないと非難しますし、同時に、外科医である自分の父親の堕落したイメージであるオメーについても、いい加減な科学的知識しかもっていないために、神秘主義的法悦状態に入ることをさまたげ、やはり回答を与えてくれないと非難します。こういったことはすべて、フロベールの問題です。同時に、これは現実の状況でもあります。当時のフランスでは、キリスト教からの離脱の大きな流れがあったからです。その流れは、ジャコバン派のブルジョワジーから始まり、小市民《プチブル》に及んでいました。しかし、それが自己を参照項としつつ、二つの形態を生み出します。二つのどちらも存在する必要があるのです。すなわち、自らを理解する仕方である一種の不透明の厚みがなければならない。本というものは、この両者を参照項とせねばならないのです。

　私がパタゴニア地方へ取材にでかけ、パタゴニア人の習俗についての小説を書くとしましょう。取材時に集めた情報を大いに利用して、比較的客観的な本ができたとしても、それはまったくの駄作でしょう。そうならないためには、自らパタゴニア人になり代わって一種の詩を書くしかありません。ただ、この場合、パタゴニア人は姿を消してしまうでしょうし、彼らに自己投影するには、パタゴニア人と私との関係は希薄すぎます。それにたいして、私が自分の周囲のものについて小説を書くなら、それは投影として私自身になる。と同時に、私を取り囲むすべてになるでしょう。そもそも、私というものもまた私を取り囲んでいるものなのですから、ここにおいては、至る所で見出される再全体化と同じ実践的再全体化が見出されます。というわけで、厳密に客観的な小説というものは、私に言わせれば、まったく無価値です。というのも、先に述べたような一種の凝縮、すなわち、著者の自己にたいする一種の不透明状態が必要だからです。そして、著者は、この状態から、全体化としての自らの状況に戻ることができる。もし、そうした自己にたいする不透明状態がなければ、できあがる本は、ある時期、社会主義国でよく書かれた類のものになるでしょう。ある作家が、数週間、ないしは数か月、工場に住んで、そこから戻り、その工場で起こったことを物語る、という類の本です。ところが彼がほんとうにそこに身を置くことはないし、自己投影もない。あまりにかけ離れているからです。彼は自分がほんとうの労働者でないことをよく知っています。彼は社会主義の作家ですが、労働者ではない。他の労働者をそこに配しても事態はいっこう変わりません。彼は労働者のことをよく知らないからです。こうして、駄作ができるわけです。

ようするに、私は、本における「悪魔の取り分」(71)とジッドが呼んだものを指摘したかったのです。主体性のない傑作などありえません。社会についての描写は、人間がそこにいる以上、もちろん必要です。しかし、人間がいるのです。つまり、現実に状況を表現している人間が社会のなかにいる、ということです。じっさいには、誰もが、まさに自分を投影しているかぎりにおいて認識を働かせているのです。詩人、いや小説家の態度と、市井人の普通の態度とのあいだに差異はない。じっさい、われわれは、社会的なものを、自らをそこへ投影するかぎりにおいて、捉えるのです。だが、その一方で、社会的なものを再全体化するのだとすれば、われわれは、社会的なもの以外のいったい何を投影できるでしょうか。つまり、この種の間断なき包みこみ(enveloppement)や受肉があり、それこそが検討されるべきです。この場合、人はほんとうに自分の主体性を支配できるでしょうか。主体性がますます明瞭になることをあなたがお望みなことはわかります。そして、それはまさに真理の名においてです。芸術の基本要素のひとつは確かに真理ですから。私が「基本要素のひとつ」と言うのは、ここで題になっているのは、美的図式や美的価値の内部における真理だけで、純粋な真理は問題になっていないからです。そもそも、真理という点からすれば、なんらかの社会環境に関する統計学的データや弁証法的省察の総体のほうが、そこに暮らす人びとを描く小説よりも、常により多くの客観的真理をもっているでしょう。それでも、小説がより真実だとすれば、それはまさに、小説が、ひとつの主体性、つまり、社会環境を描く作者の主体性を示し、さらに描写する作者もそのなかに身を置いているからです。しかし、自らの主体性をよりよく認識できることが本当だとしても、われわれが本のうちに盛り込む取り分を定義できる、ということではない。自らがそれであるところの直接的主体性との関係で、われわれがますます反省的になっているということなのです。

昨日述べたように、「おれが反ユダヤ主義者なのは本当だ」と言う労働者は、反省によって、叩き込まれたブルジョワ的イデオロギーの共犯者になることもあるでしょう。「活動家としての行動とは両立しないから、おれは反ユダヤ主義をやめる」と言う代わりに、「おれは反ユダヤ主義者だ。それでいいじゃないか、間違っているのは共産主義者たちだ。じっさい、ユダヤ人とはああいった連中なんだから」と言うこともあるでしょう。作品を制作するとき、ある次元において、ますます自分が主体性の対象であることを知る、ということはとても確かなことです。また、主体性が作品に必要ならば、主体性は反省それ自体において見出されます。その結果、主体性は明瞭になるが、主体性は他の次元において取り戻される。たとえ主体性が対象として認識されるとしても、主体性は、未知で、知られざるかたちのもとに見出される。なぜなら、未知で、知られざるものとしてあることこそ、行動する主体性の原理だからです。そしてまた、芸術家が投影するかぎり、自分を認識してはいないのです。たとえ、その一方で、自分をしっかり認識しているとしてもです。執筆中のフロベールはボヴァリー夫人のことを考えています。ボヴァリー夫人にいろいろな反応をさせるとき、彼女がやりそうな反応を考えている。だが、そのあとで、書いたばかりの作品について反省するとき、自分も同じような反応をしたかもしれない、自分は彼女に自らの反応を与えたのだ、と思うのです。つまり、先ほど述べたあの戯れが再び見出されるわけです。思うに、芸術というものは、客観的なものと主体〔主観〕的なものとのあいだの合流点としてでなければ理解できません。以上が、ほぼ、あなたに答えようと思ったことなのですが、さほど大きな意見の相違はないと思います。

声　そのような意志が先だってあるわけでなく、執筆のなかで意識されるということですね。

サルトル　ええ、そのとおりで、執筆中に、いわば突然、そういうことか、と自覚されるわけです。

声　すみません、コメントさせていただけますか。フロベールの田舎生活、彼の父親、兄、王立中学、医者といったことについてです。それはフロベールにおける何ものかであり、彼が、おのれの不透明状態をとおして、また、おのれの不透明状態の厚みをとおして、自分のなかに保っている何ものか、と言えるでしょう。だとすれば、無意識と呼ばれる何かは、私自身のうちにある外部だ、ということの証拠になります。同意されますか。

サルトル　まさに。私が言いたかったのはそのことです。それは外的なものです。それは社会そのものです。私は社会について考えるとき、社会を外部で識別します。そして、私は自己を投影します。つまり、私は社会を社会自身に投影します。結局のところ、それは合流する異なった二つの段階であり、二つの社会性のことである、と言ってもいいでしょう。それは同じ社会性であり、同じ条件づけです。

声　大事なことは、それについて検討するとき、「無意識」という言葉を別のかたちで分析することができる、ということです。

サルトル　私は、多くの場合、〈非-知〉と言いました。それが現実だからです。

声　ええ、まさにその点なのですが、私が自分のなかに保っているのは客観性の現実であって、可知的なものではありません。そこが問題です。賛成ですか。

サルトル　まったく賛成です。

アリカータ(72)　私も、主観性－客観性のこの関係がなければ、芸術は存在しない、という点には賛成です。このことはマルクス主義に無関係ではない、と思うのです。でも、討論を少し先へ進めるために、少し反論したいと思います。この関係は詩的言説にもあてはまるでしょうか。また、歴史的言説にはどうでしょうか。昨日われわれは、主観性－客観性の関係はある程度まで科学的言説にもあてはまる、と言う点で見解の一致をみたように思われるのですが。そうだとすると、われわれはまだ、詩的言説とは何かという定義の手前にいます。一方で、われわれは、一定の主体性－客体性の関係のなかで、こう言っています。すなわち、ここではわれわれは詩的言説を前にしている、と。要するに、まだ第一歩にすぎないようです。でも、いかなる仕方で問題は解決されるのでしょうか。この主体性－客体性の関係は芸術を特徴づけているのでしょうか。

バンディネッリ(73)　これにたいしてご意見はありますか。

サルトル　いいえ、でも、それが議論の対象にちがいない、と私は思います。

声（パーチ？）　私の見解を述べてもいいですか。きみ〔発言者は会場の対話相手に向かって言っている〕が言いたいことはわかります。そうした図式〔主体性－客体性の関係〕やそうした内面化と外面化の実践が、どんな分野においても当てはまるのは、そうした図式や実践がときには、美的あるいは絵画的あるいは音楽的表現として当てはまるからだ。そうした表現は、その点からすれば、そうした図式や実践そのものである、と言いたいのでしょう。ところで、こうした言説を使っても、私も――きみも――芸術に一定の空間形式を割り当てるクローチェ主義者(74)のようにではありません。もちろん、クローチェ(75)は重要ではないと言っているのではなく、クローチェがわれわれに、こう考えると、あまりに拙速な解決を与えてしまうからです。

より深い解決法を見出すためには、私の受肉の問題、すなわち、イメージ、感覚、物質といったものの問題を提起しなければならないのではないでしょうか。私は、歴史的世界でもある社会、過去、私の歴史、私が住んでいる世界の歴史を、内面化することができます。だが、外面化に際して、私が、芸術以外の他のことは一切おこなわないというかたちで外面化するとき、私はとても特殊な仕事をおこなうことになります。その仕事は、何よりもまず、既存の言語としての言語――あるいは、既存の芸術言語――ならびに、私と物質との接触に関係しています。画家だったら、物質にたいする共感の問題であり、物質への堕落の問題です。そのとき、画家自身が色になります。サルトル氏はフロベールの例について語り、その文体さえもが物質との接触から出てくると指摘しました。この言葉のとおりではありませんが、ほぼそういうことです。

つまり、フロベールが政治家ではなく作家であったことには理由がある。彼は作家であるかぎりにおいて、自己表現し、自己外面化ができた。あるとき、彼は「私には、父や兄に逆らって自分を愛すること以外に、すべきことがたくさんあります」と言っています。彼の父は医者であり、兄は理想的な息子である、父の学んだ王立中学で学びました。あるとき、家族にたいする反抗が生まれる。それは彼自身のなかにあり、彼を形成した小市民階級《プチブル》にたいする反抗でもありました。発生論的見地からすれば、そうした反抗は、彼においては、文学による反抗として表現されるものであり、それ以外ではなかったことが見て取れます。したがって、その反抗は、当時の言語、当時の書き方との対決であると同時に、フロベールに固有の特異な書き方との対決でもあったはずです。

サルトル　そうした反抗は、行動に逆らう人物としておこなったのです。幸い、すべての芸術家がこうではありませんが、彼はそうでした……

声　まったくそうです。

サルトル　……それにフロベールは、書くことで科学をしていると主張しています。彼は、「私は外科医のまなざしをもっている」と言います。でもじっさいは、フロベールにおいて、文学は科学に対抗する。父親の科学のある種の方法に対抗していることは、確かです。

声　それは時代や社会と結びついています。

サルトル　それをこのようなものとして選択したのは彼です。ここでもやはり、それはいつもこうであるわけではないが、彼はこうしたのです。

声　結論を言います。アリカータ君、この種の分析において、きみが立てた問題は存在しているのはたしかだが、私は、その問題はきわめて難しいと思う。主体性－客体性の関係を、芸術、科学、道徳等々において区別するよりも、遡行的方法によって、単独の〔特異な〕人間が体験したことの普遍性を明らかにする方策を探ることが重要でしょう。

サルトル　そうした擬制〔虚構〕が描かれている本というものはよくあるし、特殊な美的価値について社会主義の立場から書かれた本というものもあります。たとえばポーランドにおいて、そういった本は、一九四五年から一九五二年までの時期全体を事後的に描写するために書かれましたが、同時に、それらの本は、本人を正当化するものでもありました。私の念頭にあるのは、ブランディス*34の『グラナダの防衛』(一九五六年)です。彼はきわめて奇妙な男です。ある意味で完全に当時の体制と結びついていたし、彼の小説はまさに写実主義的で社会主義的な小説――ただ小説のなかで、自分のことは描きませんでしたが――でした。その後、彼は他の傾向に移りました。自己批判をしたのです。だが、彼は、自己批判したと同時に、全面的には自己否定しませんでした。彼は過誤や失敗を示すと同時に、それでも一種のつながりを、変化とは齟齬をきたす連続性を維持しようとして、「確かに、それは過ちだった。でも他にどうしようもなかった」と言ったのです。こうして、彼は客観的に語ったのです。『クルル家の母』(一九五七年)という、彼が当時を客観的に語った小説も取り上げてみましょう。だが、彼は、当時について客観的に語ると同時に、主人公が彼であることは明らかです。それは同じことですね。つまり、作家の次元においては、正当化し、自己批判し、正当化するという変化と試みが見てとれるが、彼が登場人物として現われることは決してない。同時に、他の一連の人物が登場しますが、彼らは客観的に捉えられていて、彼らのうちには、あの一連の過誤、必然性、善意、誤った方向にむいた善意を見てとることができる。つまり、こういったものは、私がポスト社会主義的リアリズムと呼ぶ小説なのです。というのも、そこにはひとつの社会に関する単なる描写以上のものがあるからです。それは、バルザックが、自分が関わっていない、資料によってのみ知るフランス革命について語っているのとは話が違うのです。その男は、本当にそれに関わったのであり、それに関わった人びとの行動について語っている。彼は相変わらず、社会主義的リアリズム小説の客観的方法によって語っているが、同時に、小説のなかで自分のことも描いている。そのことによって、分析にある種の精緻さが生まれる。自分は正しいのに自分が間違っていると考えようとするところからそれが生まれるのです。彼は自己批判しようとするが、それでも、その自己批判は、自分を登場人物として抹殺してしまう自己批判ではない。そうなると、その小説は注目すべきものであり、作者は、作者自身が登場人物のひとりであるだけに、ますます深く小説の登場人物の意識のなかに入っていくのではないでしょうか。いずれにせよ、それはとても重要なことです。たとえば、ここにいるわれわれのうちの誰ひとりとして、一九四五年から五二年にかけての、あるポーランド人の人生やロシア人の人生について、真の小説を書くことはできません。ひとつの異常な実験があった。例の社会主義の建設です。その建設には、偏向、誤り、さまざまなことが伴った。この実験を外からしか体験できなかったわれわれは、たとえその実験に関係する左翼に属しているとはいえ、その実験を描写することはできない。今日、彼らこそが小説を書かねばならない。なぜ今日、彼らこそが小説を書かねばならないのか。それは、この実験を体験したのは彼らだからです。したがって、ここで再び主体性が大いに問題になっていることがわかりますね。ある作家をある工場に派遣し、二年間滞在させると考えることはできます。だが、われわれのうちの誰ひとりとして、一九四五年から五二年にかけての時代のポーランド、ハンガリー、ロシアについてあえて小説を書いてみることはできないでしょう。誰ひとりとして――ちがいますか？　それはその時代を体験した人たちによって書かれる必要があるのです。われわれがこの事実を認めるということが、再全体化としての主体性の重要性を明らかにしています。

声　ピオヴェーネ氏も、昨晩、同じことを言いました……

ピオヴェーネ　私にとっては、主体性は芸術作品においてきわめて重要な役割をもっていると言いたかったのです。お話をうかがいながら、私は、おのれのうちの不透明状態とあなたが呼ぶものが、それでも今日の芸術においては減少していると考えていました。

サルトル　そのとおりです。

ピオヴェーネ　私はその点を強調したかったのです。それでもやはり、不透明性が減少しているということを。思うに、芸術家は常に見た光景以上のものをもつと同時に、その光景の諸根拠を捉えているのです。しかしながら、好んで不透明な状態であることはできないと思います。それに、あの不透明な状態という側面、豊饒な不透明状態という側面の役割はますます小さくなっているように思われます。

サルトル　小説とは創案です。

声　そのとおりです。フロベールが今も書いていたならば、より直接的な手段によって自己自身を描くことができるし、簡潔な方法を選ぶ、と私は考えます。だからといって、『ボヴァリー夫人』は傑作ではないと言いたいのではありません。それが傑作であることは明らかです。私はまた、別のとても重要なことについて考えています。すなわち、今日、芸術においてさえ、正当な結論に達することが重要なのです。

サルトル　まったく賛成です。

声　自分が嘘つきだと感じることは不可能です。おそらく過去の芸術家にとっては、このことはさほど重要ではなかったのでしょう。

サルトル　それはやはり、きわめて重要なことでした。フロベールの本はきわめて真なるものです。それは正当な結論に達しています。チボーデ(76)が明らかにしたように、フロベールの本は、フランスにおける小市民《プチブル》階級の興隆を予測し、第三共和制下での政治における彼らの重要性を予測しました。それらすべては、彼がすでに第二帝政下で書いたことのうちに出てきます。私はあなたに賛成ですが、一つ留保があります。私は、主体的再全体化がなされるが、それは別の水準においてなされる、いずれにせよ再全体化は存在する、と考えているからです。

声　じっさい、もし再全体化が存在していないなら、人はアイデンティティを保つことができないでしょう。

サルトル　さもなければ、投影されたものである自己自身のコピーがあることになるでしょう。でも、それは正確ではないでしょう。

バンディネッリ　すみません。発言の順番がわからなくなりました。あなた〔デラ・ヴォルペ氏〕が先ですか、それともルポリーニ氏、どちらでしょう。

ルポリーニ　私が先のほうがいいでしょう。デラ・ヴォルペ氏には美学がありますが、私にはありませんから。まず、美学がない人が発言するほうがよいのです。そうすることで、われわれは結局、より完全な答えをもつことになるからです。

バンディネッリ　完璧な論理です。それではどうぞ。

ルポリーニ　私が発言を求めたのは、先に発言した人びとと比べて、私のほうが、アリカータ氏が示した反対意見に近いように思われるからです。私は、サルトル氏の立場にたいして最も大きな異議をいだいている人間だと思います。「異議」をいだいているのは、まさに私には美学がないからです。私は諸問題をかかえています。私には質問したいことがあります。というのも、たぶん、マルクス主義は公認の美学を規定しなかったからでしょう。私の問題はこの欠如に因るのかもしれません。いずれにせよ、問題ばかりをかかえています。そこで、何よりもまず、私は一般的な質問を立てたいと思います。それは、翻訳するなら、「主体の忘我(le s'oublier du sujet)」(*il dimenticarsi del soggetto*)と私が呼んでいるものに関する質問です。それは「行動すること(l'opérer)」に常につきまとう事実です。サルトル氏は、階段を降りる人について語ったのですから、まったく同意するだろうと思います。どんな行動においても、主体は、自分がおこなっている行動について考えることはないが、自分が向かっている目標については考えている、これは明らかです。したがって、問題は、主体を一定の領域のなかで捉えることです。私は、まず、認識一般の領域のなかで語るでしょう。次に、私は歴史的認識、科学的認識、そして芸術を問題にします。私が思うに、例の「不透明状態の厚み」という要素、すなわち、主体が浮かび上がってくるところの背景は、それらの領域のなかに現前しています。すなわち、主体は、芸術家において、科学者において……現前しています。

声　サルトル氏も逆のことを主張したわけではありません……。

ルポリーニ　この異議へと辿り着いた道筋を説明してもいいでしょうか。私は少々ペダンチックな精神をもっていて、ある種の秩序立てが必要なのです。さて、例の「不透明状態の厚み」は常に行動のなかに現前しており、科学の認識であれ、歴史記述の認識であれ、認識の行動のなかに現前しています。それは芸術的背景であり、主体性のなかにとどまっている背景です。

さて、私は、自分の経験ではなく、妻の経験を語らせていただきます。私は数年のあいだ、ある種の興味をもって妻の経験を見守ってきました。私は、妻が自分でその経験について語ってくれることを望んだのですが、彼女のほうは望みませんでした。さて、彼女は、みなさんが昨晩話題にしたような文学作品を出版する仕事をしていました。トルストイの作品を出版するとはどういうことでしょう。それは、トルストイの小説、すなわちトルストイの叙述形式の成立過程を研究することを意味します。一方で、異本と比べてみたり、他方で、トルストイが執筆期間中に語っていたあらゆることを比べたりしたわけです。すると、執筆期間中に、自己自身についての連続的反省があったことが確認されました。その反省は事後になされたものではなく、執筆の過程でなされたのです。したがって、トルストイは二つのことについてきわめて自覚的です。彼は客観的世界を描写するということについて自覚的です。同時に、絶えず自分を描写するということについて自覚的です。登場人物のうちの男性ばかりでなく、ナターシャ(77)等々においても自分の姿を見ることについて自覚的であった、ということです。そのことは文献学的研究をとおして、検証することができます。トルストイはフロベールよりも現代的であると言えるでしょう。ある種の価値体系の尺度に従うなら、事情はまさにそのとおりであるかもしれません。だが、文献学的研究とテクスト研究のおかげで、トルストイにおいて、同時に二つの契機の客観化でもある自覚というものが絶えずあるということは疑う余地がありません。私は、この客観化がトルストイを助けた、と考えます。すなわち、それが彼を特徴づけ、彼の芸術の偉大さを形作っているのです。

アリカータ氏によって提起された反論に移りましょう。すなわち、芸術の問題はこの討議の到達点から立てられます。もしわれわれが、芸術は認識である、と主張することに賛成であるならば、芸術はいかなる種類の認識に属するのかを決定することが、大きな問題となります。たとえば、いま一度トルストイを、つまり数年のあいだ私が夢中になって見守ったあの経験を取り上げるとき、この特殊なケースにおいて、われわれが確認することができるのは、トルストイの登場人物のすべてが、現実のモデルや、じっさいに出会った人物、あるいは、彼が自由に混ぜ合わせた人物からきているということです。だが、それだけではありません。それだけならあまりに初歩的です。じつは、トルストイは大いに細部にこだわり、小道具を駆使する自然主義と呼ばれうる文体によって、書きはじめ、描写しはじめ、自らの関心を具体化しはじめるのです。登場人物を決める過程とは、それらの細々とした細部全体を取り除き、その結果、「理想化」と呼ばれうるものを生み出すことになる過程にほかなりません。耽美主義者の言説はそこから始まります。トルストイはそのことを自覚しています。すべてはあたかも彼が次のように言っているかのごとく経過します。すなわち、「用心しなさい。私が歴史小説を書くとき、私の目標は違っています。なぜなら、私が描写するとき、歴史的登場人物は歴史家によって扱われる人物ではないからです。歴史家は人物をその歴史的意味において捉えます。一方、私は、その人物を現実的生活の交錯全体のなかで、他の人間たちと同様に捉えます」。写実主義的モデルのこうした「脱自然主義化」の過程との関係で、まさに質問することができます。私もその質問を繰り返します。問題に舞い戻ることになりますし、その質問をすることによって、結論を下すことになりますが、自分がその質問に答えられるとは思っていません。それは根本的な質問であるように思われます。すなわち、芸術はいかなる種類の認識に属するのか、芸術はいかなる点で他の種類の認識と異なるのか、という質問です。

サルトル　私の答はあとにしましょう。

デラ・ヴォルペ(78)　討論が、実に興味深い、ほとんどドラマチックとも言える地点に到達した、と思います。

サルトル氏の現象学的記述に続き、われらのエンゾ・パーチがそれを擁護し、われわれは真の問いかけに達しました。実は、サルトル氏の現象学的記述――私はこの名詞にこだわりをもっています――は、とても興味深いということを、われわれは認めることができます。だが、そのあとで、ある問題点につまずきます。主体性と客体性とのあいだの関係が、ある小説において現前しているとき、その関係を区別するものは何なのか。小説と歴史物語とを区別するものは何なのか。

しばらくのあいだ、この主体性というカテゴリーを使ってみましょう。モムゼン(79)によって書かれた『ローマ史』を検討してみましょう。『ローマ史』は、作者の主体性の強力な個性、つまり、モムゼンの政治に関する思考によって特筆すべきものです。『ローマ史』は、モムゼンの主体性をとおしての、また、彼の政治的展望をとおしての分析です。モムゼンの政治的展望は、われわれの誰もが知っている彼の政治に関する思考によって表わされており、そうした展望に従って、彼はカエサルをはじめとするさまざまな人物を浮き彫りにしました。

この点で、モムゼンの主体性とフロベールの主体性とのあいだに、すなわち、『ボヴァリー夫人』において現実化される主体性と『ローマ史』において反映されている主体性とのあいだに、いかなる差異があるのでしょうか。まったくないのです。じっさいのところ、サルトル氏は何をしたのでしょう。彼の方法に従いましょう。すなわち、きわめて精緻に、彼は『ボヴァリー夫人』の内容について記述してみせました。彼はその内容を、今日そうすべき仕方で、つまりは、社会、すなわち社会的基盤を考慮することによって、われわれに引き渡しました。ただ、それはすでにチボーデによってなされていた。むろん、サルトル氏において、考察ははるかに明らかです。『感情教育』(一八六九年)やフロベールの他の傑作についても、同様のことがおこなわれるでしょう。だが、さらに説明すべきこととして、なぜそれでもそれが小説であって、歴史物語ではないのか、ということが残っています。したがって、現象学的記述の方法は袋小路に入るように、私には思えます。私に言わせれば、それは、とても興味深い成果です。すなわち、『弁証法的理性批判』のなかに見本が見られるサルトル氏の分析の、極限的な、とても才気に満ちた、ほとんどの場合天才的な成果です。

声(80) 正確を期するならば、遡行的かつ前進的*35であって、現象学的ではありません。

デラ・ヴォルペ たしかに、遡行的かつ前進的ですが、まさに「現象学的」と形容することもできる記述です。まだ記述的性格の問題が残っています。記述的とは根拠に向かわない、ということです。サルトル氏は、芸術の諸原理とは何かについて、語っていません。それというのも、とりわけ、同じことになりますが、文芸批評にとって、造形芸術批評にとって、批評一般にとって、指標とは何かについて、われわれに語っていません――指標以外のことすべてについてなら、われわれはそれなしですませようと思ったら、すませることができるからです。文学作品の価値を評価するために、いかなる指標をサルトル氏はわれわれに差し出すことができるのかわかりません。繰り返しますが、サルトル氏が提示した、『ボヴァリー夫人』についての遡行的かつ前進的記述によるとても素晴らしい分析は、なぜそれが歴史上の人物ではなく、文学上の人物なのかを説明してくれません。

私見によれば、われわれはこういった道を放棄しなければなりません。たしかに、文化の危機が今日きわめて深刻であることを指摘することは、たいへん興味深いことです。そうした事態を、多くのマルクス主義者――あるいはマルクス主義者を自称する人びと――がこの種の芸術の記述に関心をもっている、ということから推論することができます。実を言えば、この種の芸術の記述は無用なものです。というのも、それは、いかにして歴史的内容が詩になるのかをわれわれに理解させることはないからです。たとえば、マヤコフスキーにおいては歴史的内容が詩になるのに、ソヴィエト・ロシアの他の芸術家はそうではない。そのことにマルクス主義者たちは関心を寄せなければならない。だが、マルクス主義者たちは、プレハーノフ[*36]が「シニフィエ」と呼んでいたもの、すなわち社会学的価値と大いに一体化していたので、また、彼らの態度はそうした抽象的な価値によって大いに決定されているので、彼らはサルトル氏にたいしても同調してしまうほどです。

もっとも、サルトル氏のほうもすでに大いに進化しました。ここでわれわれが見なければいけない事象は、とても興味深く、学ぶ点も多い。しかし、私が出した例に準拠するなら、われわれは利用する価値のない方法に従う必要はない、と私には思えます。なぜマヤコフスキーは詩人、それも偉大な詩人なのか、なぜブレヒトは、ブルジョワがわれわれに紹介するあの多くの劇詩人たち全員――ピランデルロ[*37]も含む――よりも、はるかに偉大な詩人なのかを、ブルジョワにたいして、すなわち、ブルジョワ的趣味をもっている人に説明できるということは、マルクス主義者にとって、とりわけ名誉にかかわる問題です。なぜマヤコフスキーは、ブレヒトとまったく同様に、詩人なのか。

したがって、従うべき道は、まったく個人的な私見によれば（この場には、私に賛成する人がほとんどいないことは知っていますが、かまいません）、別にあります。それは芸術作品の構造を構成している諸要素とは何かを見るという方法です。そうしたことはすべて、曖昧な言説だけで満足せず、具体的なものに到達するためです。すなわち、言語から出発しなければなりませんし、また、言語から出発して、いかにして日常のありふれた言語が芸術作品において力を獲得し、詩になるのかを明らかにせねばなりません。

とても平凡で単純だが、私にはとても意味深く思える例を挙げておきましょう。「夜は燃え尽きた〔夜は更けた〕（*Wore the night*）」[81]というブラウニングの詩句を取り上げましょう。いかなる手段によってわれわれは、その詩句によって感動を覚えるだけでは十分ではないということ、そして、その詩句が詩に属しているということを、自分たちや他人に証明することができるのでしょうか。私見によれば、テクストから出発する、すなわち、テクストを構成している要素から出発するという以外の方法はありません。言語の問題から出発せねばならず、また、たとえば、ありふれた通俗的言語から出発しなければ、「夜は燃え尽きた（*la notte si consumò*）」[82]いう詩句の詩情を捉えることができない、ということを指摘せねばなりません。これは、日常のありふれた言語では、「夜は過ぎ去った（*la notte passò*）」[83]という表現で表わされるでしょう。ところで、「夜は燃え尽きた」という表現を捉えるためには、「夜は過ぎ去った」という表現を乗り越える必要がある。それでも「夜は過ぎ去った」という些末で通俗的な、つまり詩的でない表現は、全面的に廃止されるわけではない。というのも、「夜は燃え尽きた」という表現は隠喩だからです。字義通りの意味を念頭に置かなければ、隠喩を捉えることはできません。クローチェが、フンボルト[84]に従って言ったように、字義通りの意味は、通俗的言語のなかにあるのであって、詩のなかにはありません。隠喩的意味における語、つまり、言語の現象であり、言語のうちにあり、言語という体系のうちにある語は規範をもっているわけですが、この規範は、言語が違えば、つまり言語体系が違えば、同じではないのです。

それでは、どうすれば「夜は燃え尽きた」という表現を説明できるでしょうか。それはすでに詩句のなかに入ることでしょう。これを説明しなければならないなら、こんな風に言いましょう。これは隠喩で、誰もがそのことに気づく、と。しかし、隠喩のもつ表現力を正当に評価できるのは、隠喩が字義通りの意味を前提にしているからです。ここでは、「過ぎ去る（*passare*）」という動詞です。そう言っても、まだ話は途中にすぎません。それら二つの要素のあいだに、「弁証法的」と呼ぶしかない関係が存在することを納得しなければなりません。

なぜでしょう。なぜならば、二つの要素は互いに他方なしには存在しないからです。「夜は燃え尽きた」という表現が詩であるのは、その詩句が「夜は過ぎ去った」という表現ではないからである、と捉えられています。だが、その代りに、「夜は燃え尽きた」という表現を説明するには、その詩句がそのなかに「夜は過ぎ去った」という表現を含んでいる、ということを念頭に置かねばなりません。「夜は燃え尽きた」という表現は「夜は過ぎ去った」という表現を弁証法的に含んでいる。「夜は燃え尽きた」という表現は、否定された字義通りの意味を守ります。字義通りの意味はその表現において絶えず保たれています。このことを否定することはできない、と思います。むろん、これは初歩的な例、きわめて初歩的な例にすぎません。

「夜は燃え尽きた〔夜は更けた〕（*Wore the night*）」という表現を、「夜は過ぎ去った」という表現なしに捉えることはできません。だが、「夜は燃え尽きた〔夜は更けた〕」という表現は、「夜は過ぎ去った」という表現とは別なことを言っている、ということもまた真実です。にもかかわらず、「夜は燃え尽きた〔夜は更けた〕」という表現を的確に捉えるために、「夜は過ぎ去った」という表現を捨てることはできません。「夜は燃え尽きた〔夜は更けた〕」という表現に到達することはありませんし、その詩句だけを取り出して、例の総合的直接性等々によってそれを説明することはできません。どうしようもないのです。歴史、神話です。「夜は燃え尽きた〔夜は更けた〕」という表現に到達するのは、「夜は過ぎ去った」という表現から出発するときのみのことであり、それら二つの表現のあいだにある連続した、弁証法的な関係を念頭に置くときのみです。これはもはやヘーゲルの弁証法ではありません。「過ぎ去った」と「燃え尽きた〔更けた〕」とのあいだの区別がきちんと尊重されたままなのですから。と同時に、それら二つは互いに他なしには存在しない。字義通りの意味から出発する以外に、これが隠喩だということを捉えることはできない。そのとき、隠喩は字義通りの意味に外延を与えると同時に、字義通りの意味を歪曲している。隠喩とは、字義通りの意味と隠喩の濃度とのあいだの関係です。こうして、「夜は燃え尽きた〔夜は更けた〕」という隠喩が隠喩として成り立ち、隠喩だと見なされるのは、ただ「夜は過ぎ去った」という表現に準拠するときのみであるということを証明できます。

従うべき道は、芸術および芸術作品における技法の分析という道です。言語の問題から出発しなければなりません。ところが、そうしたことはわれわれのマルクス主義的伝統のなかにはないので、同志たち(camarades〔*compagni*〕)が、趣味〔好み〕を批評する際、文体の問題よりも先に、言語学の問題が提起されたのを見て憤慨したのは私にはよくわかりました。われわれはたえずグラムシに言及しています。是非はともかく、この場合、グラムシを参照することができるでしょう。グラムシは、例のベルトーニ[85]を、まさにそのロマン主義的言語学のゆえに嘲笑しました。というのも、ベルトーニは、言語学的現象を、主体的かつ十全な「創作者」という例の言葉に還元するために、言語を解放しようとしたからです。言語体系の内部には常になんらかの現象があるにもかかわらずにです。

サルトル氏の言説に大いなる真理があるのは確かですが、彼の説明に満足することはできないと私には思われます。芸術に固有な問題設定への通路を開いてくれないのです。というのも、旧来のカテゴリーはもはやわれわれの役に立たないからです。私が提示した例、最も偉大な歴史家のひとりであるモムゼンの例において、力強い主体性が見られるわけで、じっさい、『ローマ史』にはそれがある。だとすれば、主体性という指標は、伝統的な指標であれ、サルトル氏の指標であれ、無用となります。なぜなら、主体性は、小説においてと同様に歴史的著作においてもあるからです。

したがって、われわれは、他の道、すなわち、芸術作品の構造分析という道をとらなければなりません。そのためには、それ自体は詩的ではない、特異で、具体的で、技術的な問いから出発する必要があります。われわれの感性は、この種の問題、総合を引き出すために、分析的努力を強いる問題に慣れていません。もちろん、そうしたことはすべて、われわれが詩とは何かを同定できることを意味しています。先に提示した例から出発するなら、「多－意義(multi-sens)」(*polisenso*)と私が呼ぶものを認める必要があります。つまり、詩的意味《シニフィエ》は、歴史物語の一義的な意味《シニフィエ》とは違うのです。一義的意味《シニフィエ》は、科学、歴史、哲学等々に属しています。

話を終えるにあたって、あなたに次の問いを投げかけたいと思います。私が提示した例――「夜は過ぎ去った」と「夜は燃え尽きた〔夜は更けた〕」の区別、また、この二要素のあいだにある壊すことのできない関係、真の弁証法的関係――は、単なる繊細なニュアンスや詭弁にすぎないのでしょうか、それとも、真の根拠があるのでしょうか。あなたは、この詩的表現と字義通りの表現とのあいだの関係に納得しますか。批評家自身、批評を書いているとき、何をすべきなのでしょうか。クローチェは、隠喩的意味を捉えるために、字義通りの意味から出発しなければならない、と言いました。結局のところ、こういったことはかなり平凡でさえあるように思われます。

バンディネッリ　発言したい方は、手短かにお願いします。必要なら、あとでまた発言してください。では、グットゥーゾさん。みんなに向かって質問してください。デラ・ヴォルペ氏だけに向かってではなく。

グットゥーゾ[86]　「夜は過ぎ去った」という例に関してです。じつは、この詩の一文の内部には、「夜は燃え尽きた」という詩句の字義通りの意味も残っています。でも、まったく同様に、「夜は自滅した(*la notte si distrusse*)」[87]とか、「夜は溶けた(*la notte si squagliò*)」[88]などとも言うこともできるでしょう。選択の問題です。ここでは英語の詩句の翻訳に関わることだけにいっそうのことそうです。私が知りたいのは、なぜ詩人はこの選択をしたのか、そして、批評家はどのようにして、これがよい選択だとわかるのか、ということです。

デラ・ヴォルペ　その問いには意味がありません。批評家は、検証することで、問題に気づくからです。まさに弁証法的で連続的な方法です。字義的所与——私が「字義的素材」と呼ぶもの、ここでは「夜は過ぎ去った」——と、「夜は燃え尽きた」を対峙させることで、両表現のあいだにある意味の表現的価値の隔たりが測られるのです。同時に、後者を捉えるためには、前者なしではすまされません。前者はつねに後者の内部にある。これは弁証法的関係です。一方は他方なしにありません。すなわち、これはあれではないが、両者とも相手なしには存在しません。それが隔たりです。

声　いいですか。話が終わったかどうかはわからないのですが、サルトル氏がすぐに発言を求めているようです。

サルトル　ええ、デラ・ヴォルペ氏が語ったことが、とても気になるのです。彼の考えだと、詩はどれも十八世紀の隠喩的詩になってしまいます。わが国では、ある有名な詩人がそういった詩を書きましたが、きわめて評判の悪いものです。ドリール(89)という詩人です。じっさい、彼は「火を消す英雄たち」といった表現を、消防士を指すためにこしらえたり、「二輪車を駈る俊足」といった表現を、単に二輪荷車に乗っている人を言い表わすためにこしらえたりしたのです。あなたがご指摘された隠喩的関係は、それだけを取ってみれば、消防士を言い表わす「火を消す勇敢な死すべき者たち」というような悪しき比喩を、良き比喩から区別することはまったくできない、と私には思えます。一方には、隠喩、つまり、別の言い方に通じる通路があります。

これはまた、ある種の国語で、性的事柄を語るときに、小説で用いられるものでもあります。禁止や、道徳的な拒否のために、別の語や比喩が使われるのですが、そうした別の言葉は不的確なものです。したがって、言葉の総体が美的に言って妥当か否かを知るための真の指標は、言葉の総体と投影された対象の全体性との関係であるように、私には思えます。個人的には、私が美的問題を扱った理由はただひとつ、ピオヴェーネ氏も私もどちらも、芸術における主体性について語ったからでした。しかし、芸術の構造を規定するものは主体性であるということを指摘しようというつもりはありませんでした。だが、真の問題に移行するならば、全体性から独立させて芸術批評をおこなうことはできませんし、また、ほんのわずかの文章、すなわち、寸言であっても、それをそうした全体性そのものにおける差異化と見なさないわけにはいきません。そもそも、そうした全体性は、言語というもうひとつの全体性と結びついている全体性です。

全体性から出発しなければならない、つまり、投企から出発しなければならないのです。また、単にそうした全体性から出発しなければならないだけでなく、言語の全体性から出発しなければならないのです。「夜は燃え尽きた〔夜は更けた〕(*La notte si consuma*)」は、イタリア語としては適正な詩句です。フランス語で「夜は燃え尽きた (la nuit se consume)」とは言えません。「夜は燃え尽きた」と言う詩人は、詩人ではないでしょうし、不的確な言葉を使ったことになるでしょう。その理由は単に、言語の違いのためです。ここで、先の問題、ブラウニングの詩に戻るわけですが、英語ではそのように言えるとしても、また、それがイタリア語にこのように訳されるとしても、フランスでは、ブラウニングの詩を「夜は燃え尽きた」という言い方によって訳さないでしょう。理由はいたって簡単で――これこそ私が言いたいことですが――それはそれぞれの言語に主体性があるからです。このことは、ソシュール以来、了解事項となっています[*38]。言語に関して、主体性という言葉で何を言わんとするのか。あなたの見解はこうです。どんな事実も、すなわち、どんな外在性の事実も、全体的システムにおいて内面化され、内的意味をもっている、つまり、全体と部分との関係をともなっている。ところが、それは外部では違うものであった。ところで、諸々の国語という形態における言語とは何でしょうか。それは自らによって構造化された総体であり、音韻論的要素、語彙的要素、意味論的要素があり、それらの要素はみな相互に他の要素を、常に総合的かつ弁証法的に条件づけるのです。かくして、言語において起こることはすべて言語学的に起こります。つまり、言語は、社会的出来事のすべてを反映しますが、言語なりの仕方で反映するのであり、また、全体性の内部に、新たな言語学的差異化があることになるでしょう。例を挙げてみましょう。二つの侵入がありました。ローマ人がガリアに侵入し、占拠したとき、優位を占めたのはラテン語です。ノルマン人がイングランドに侵入したとき、例外を除けば、優位を占めたのは英語です。いずれのケースにおいても、そうした侵入が言語のなかに反映されたのは、社会的出来事をとおしてではなく、新たな総合、新たに導入される弁証法的形式をとおしてなのです。つまりは、言葉のあいだの新たな関係、しかも、とても特殊な関係をとおしてなのです。その特殊な関係は、その言語をいかなる他の言語に置き換えることも不可能にするものであり、また、詩を翻訳することを困難にするものなのです。したがって、あなたが詩人について語るとき、あなたはまったく正しいのです。すなわち、人は、まったく主体的なもの、すなわち、言語をとおして、言い表わしようのないものを表現するのです――というのも、人間は言語を学ぶからです、なぜなら、言語は客観化することでもあるからです――。たとえば、われわれわれは、フランス語で、英語の「羊肉（*mutton*）」と「羊（*sheep*）」との違いを翻訳することができません。同じく、われわれの「木（bois）」という言葉は、外国人を大いに困らせます。それは同時に、燃やすための薪、森林、等々を意味するからです。それらの要素を利用する詩人を知っていますが、それらの要素はただ単に客観的構造からなっているだけではありません。客観的構造は客観的であると同時に主体〔主観〕的であり、それも、相互主体的意味において主体的なのです。したがって、われわれが芸術的事象のなかにもっている構造化された全体性を、詩人は、言語という構造化された相互主体的なもうひとつの全体性をおして、作り出そうとします。われわれはけっしてマヤコフスキーを翻訳できません。可能なかぎりの仕方で接近しているエルザ・トリオレ*39の翻訳がありますが、しかし、感じられるものではない……。

声　翻訳の不可能性なんて、ロマン主義的命題です。

サルトル　いや、暫定的命題です。今のところは、詩は翻訳できない、きわめて偉大な詩人は翻訳できない、というのは事実です。一種の近似値がある場合には、ところどころ翻訳することはできますが、他の箇所はできません。本当に、まったく翻訳できない箇所というものがあります。とても奇妙な詩人をここで引き合いに出しましょう。というのも、その人は本当に偉大な詩人だからです。ところが、もし彼の言葉をただ並べて取り出し、字面だけを受け取るなら、本当に無残なことになります。この詩人とはラマルチーヌ*40です。ラマルチーヌは読んでいて面白いものではありません、ただそれでも、それは詩なのです。それは当時の詩のあるジャンルなのです。

声　凡庸な詩人だ。

サルトル　いや、彼は素晴らしい詩人です。だが、平凡なことを言っている。そうしたことは多くの詩人にも起こっています。ラマルチーヌを他の言語に翻訳することはできません。

声　同じことはプーシキンにも当てはまります。

サルトル　彼は詩人であり、彼の詩を翻訳することもまた不可能です。マヤコフスキーをフランス語に翻訳することも不可能です。あなたの国の詩人はどうでしょうか。ペトラルカは不可能です、そんなことをしても意味がありません。シェイクスピアにどうですか。実は、こういったことはみな暫定だというあなたの考えに、私は賛成です。というのは、これは一時的なことだからです。歴史は今のところ普遍的ではない、普遍的になりつつあるけれど、完全に普遍的だとは言えません。だが、ここで問題なのはロマン主義的神話ではなく、現実です。このことは、私が絶えずぶちあたってきた現実です。私が示したいと思ったことは、芸術作品について語ろうとするなら、何よりもまず、全体性という観念、そして全体性への投影という観念を、全体化する領野をとおして、語らなければならない、ということなのです。言語はそのような領野のひとつです——この点であなたは全面的に正しい。だが、言葉の選択が全体性に由来し、次いで、言語という別の全体性に従う、ということを考慮する必要があります。

とりわけ、シュルレアリストたちは、わが国では、しばしばとても素晴らしい詩人、偉大な詩人となりました。でも、それは隠喩をもちいない詩人です。したがって、「夜は燃え尽きる」の背後にある「夜は過ぎ去る」に頼ることはできません。彼らはそんなことは望みませんでした。他のことを望んだのです。論理的なつながりをもたない言葉をじかにぶつけ合うことで、それでもなんらかの客観的な現実であり、現実を与えるような何かを捉えようとしたのです。この客観的な現実は眼の前にありながら、それでも同時に、——そうでしょう？——合理的に了解できるものです。たとえば、「バターの馬」*41です。シュルレアリストは「バターの馬」と書きました。つまり、太陽で溶けてしまう馬、食べられる馬。彼らの目標は明らかに一種の言語の言語自身による破壊です。それは言語の背後にあるものを追求することを可能にします。彼らが正しいとか間違っているとか言っているのではありません。詩的観点からすれば、選ばれた例はよくないが、詩的観点からすれば、彼らは正しい、しばしば正しいのです。ただし、バターの馬は、われわれをどこに差し向けるのかと言えば、それはもっぱら馬とバターに差し向ける、つまり、表現にではなく、言語における有意味な差異化に差し向けるのです。

声 プーシキンを取り上げてみましょう。彼は、「渦巻く雪のなかでロシアのバラが少し開くがごとく」(90)と言っています。そこには隠喩はありません。それにもかかわらず、隠喩と同じ手法が見られ、弁証法的関係になっています……

サルトル　ええ、たしかに、そこには隠喩はありません。現実的なものがあるのです。ただし、その場合、大事なのは全体、すなわち、全体性です。隠喩的総体を利用しているか否かを決めるのは、全体性です。

声　でも、だとすれば、全体性はモムゼンの文章にも当てはまります……

サルトル　もちろんそうです。ただ、モムゼンと詩人の違いは、〔モムゼンの場合は〕他の歴史家たちがやってきて、いくつかの点でモムゼンの判断を覆すことになるような客観的総体がある、ということです。したがって、モムゼンは、私の友人――昨日、話したポールのことです――と同様に、おのれの主体性に差し向けられます。彼は、〔雑誌のタイトルとして〕「騒動」を提案し、受け入れられなかったために、おのれの主体性に差し向けられました。乗り越えの名において、プージキンが詩人であったことや、フロベールが『ボヴァリー夫人』を書いたことを非難しようとする人は決していないでしょう。芸術作品が絶対的であるという意味で、違いがあるのです。素晴らしいものであれば、芸術作品は残ります。乗り越えられることはありえません。そんなことは意味がありません。モムゼンの作品が乗り越えられうるのは、それが完全に客観的な真理の次元にあるからです。それにたいして、芸術作品が絶対的なのは、特異な個人の受肉であるような、ある受肉を乗り越えることが決してないからなのです。フロベールは感じの良い男ではありません。そんなふうになりたいと望むような男でもありません。百年近くも前に死んだ人、つまり、現代よりも多くの点で遅れていた時代の人間です。にもかかわらず、『ボヴァリー夫人』は、まったく乗り越えられないものとしてある。なぜなら、フロベールは内部にいるからです。フロベールは社会に身をおくことなしに社会を描写したのに、そのような描写を、ルポリーニ氏が指摘したように、遡及的に取り扱うことができます。ただ、そのような描写は、たとえ総体としては有効であるとしても、まったく別の意味をもつことは明らかです。私はただ、構造を主体性から分離しすぎることに警戒すべきだと言っているのです。以上のことはすべて繋がっています。

補足すれば、私が現象学的記述をおこなっているというのは正確ではありません。私にとっての問題は、それをおこなうことではありません。問題は、反対に、遡行的弁証法によって、芸術作品の投影的理解を可能にする内的意味の領野を見つけることです。例を挙げましょう。フロベールは自分を女だと思ったりしたわけですが、五十五歳近くになって、医者に、「あなたは年寄りのヒステリー女です」と言われたとき、なぜ怒る代わりに、大喜びしたのか、なぜ、ありとあらゆる手紙に、「ああ、私が何と言われたか知っていますか。年寄りのヒステリー女って言われたのですよ」と書いたのか、その理由を知る必要があるのです。理解が必要なのです。フロベールは同性愛者ではなかったのですから。

したがって、ある種の理解を獲得するには、〔現象学的〕記述ではなく……

声　……精神分析。

サルトル　ええ、もちろん、精神分析です。精神分析が拒否されねばならないとは思いません。ただ、条件があります。形而上学的根拠をもたないこと、そして、ときにおこなわれるように、資本主義をコンプレックスによって説明したりしないこと、これが条件です。一方、精神分析がたんに、主体性を客観化するための方法として捉えられるとすれば、精神分析を拒否する理由はまったく見当たりません。弁証法的に用いられた場合、精神分析はわれわれに何を教えてくれるでしょうか。精神分析は、ひとりの個人が幼年期に家族のもとで体験した個人的《パーソナル》な冒険を教えてくれます。ところで、この冒険は何を表わしているのでしょうか。とりわけその時代の社会を表わしているのです。たとえば、エディプス・コンプレックス、つまり、母子関係および父との対立関係は、十八世紀だとまったく意味がありません。

たとえば、レチフ・ド・ラ・ブルトンヌ[*42]の『回想録』を読む場合、精神分析家の表現を用いれば、彼は父親に固着しているが、母親はさほど重要性をもっていないことがわかります。それに、フロベールもそうです。重要なのは父親です。彼の家庭は前時代的でしたから。反対に、ボードレールは、より裕福で、教養があり、よりブルジョワ的家族に生まれたので、母親に固着しています[*43]。というのも、すでに家族の変化があったからです……。それはどういう意味でしょう。それは、大家族が、資本主義の発展によって壊され、夫婦からなる家族である通常のブルジョワ家族に変わる途中であるという意味です。これはきわめて重要な点です。したがって、ご指摘の精神分析は、客観的かつ社会的なものである状況を、ひとりの生という特異性のうちに反映するにすぎません。

声　しかし、それはまだ芸術作品ではありませんね。

サルトル　とはいえ、とても重要なことです。というのもそこから出発して、特異な芸術作品に至ることになるからです。

ルポリーニ　コメントさせてください。私はデラ・ヴォルペ氏の本を読んだことがあります。デラ・ヴォルペ氏の立場とサルトル氏の立場は、もちろん、ある枠内のことですが、さほどかけ離れてはいません。デラ・ヴォルペ氏は、芸術作品を閉じられた言説、科学的言説を開かれた言説と定義しています。私が思うに、この点から出発して、つまり全体性の次元、全体性についての解釈の次元において、討論を始めていたならば、討論はより有意義なものになっていたことでしょう。私はサルトル氏に、芸術の価値の永遠性という大きな問題について答えていただきたかったのです。これはマルクスによって立てられた問題です。私はマルクスによる答を受け入れませんが、問題のほうは受け入れます。思うに、今しがたサルトル氏によって示された意味において、芸術作品を絶対的なものと定義することは、問題にたいする答として十分ではありません。芸術作品が絶対的なものでありうるとしても、その絶対はわれわれとは関わりがなく、作品を作った主体に関わるのです。問題は、芸術作品の価値の永遠性のほうです。『イリアス』や『オデッセイ』の詩は、常に、われわれにとって、価値あるものであり続けている。だが、そうした価値を絶えず新たに獲得する必要があるのですが、それでも、価値は常にそこにある。この問題こそが、芸術的認識と科学的認識などとのあいだにある、形式的差異や類的差異と結びついていると思うのです。

サルトル そうですね。それはまさに、芸術が閉じられた言説であるからである、とお答えしましょう。というのも、あなたは、特異化された社会を、まさにそうした社会の描写である全体性のうえに投影したからです。われわれは、芸術作品に、時代に関する客観的な情報を決して求めない、と言ってもよいでしょう。われわれは芸術作品に、もっと複雑な種類の情報を求めます。それもまた客観的な情報ではありません。芸術作品によって時代を裏打ちすることです。可能な限り盲目的に、つまりあらゆる偏見をもって自らを見ながら、そして同時に、自らを生きるのです、ということでしょうか。芸術作品はまさに、作品を作っている個人ないしは諸個人からなるグループの形をとって、時代の全体化を表わします。

『ドン・キホーテ』の例を取り上げてみましょう。『ドン・キホーテ』がいまだに残っているのはなぜでしょうか。歴史的側面がありますが、それは歴史家の興味しか惹かないでしょう。それはある種の封建社会の崩壊という事態です。当時は、絶対君主制の形成期であり、その結果、同時に、ルネサンスによって封建的イデオロギーが崩壊していき、この矛盾を生きるひとりの人間のうちに、別のイデオロギーが生まれようとしていました。こうした封建制度の崩壊、もはや遍歴の騎士ではなく、王の一介の兵士となる人間のうちで、騎士道小説というかたちをとったこうした封建制度の崩壊は、そう受け止めるなら、厳密に歴史的な見地からして興味深いものです。一方、封建制度の崩壊を、その人間がそれらの矛盾を投影している本において読むならば、われわれは、ほとんど絶えず滑稽で、時として悲劇的なドン・キホーテのような登場人物と関わりをもつことになる、そうでしょう。そこには、セルバンテス自身の矛盾である、その種の奇妙な矛盾も随伴している。その場合、われわれみんなの関心を惹くものがある。その社会全体が、矛盾しているという点で、われわれの生きる社会と同じくらい生き生きした社会として、与えられるからです。

おわかりいただけたでしょうか。セルバンテスの主体性は、『ドン・キホーテ』という作品をわれわれと結びつけるのに、不可欠なのであり、それはまさにセルバンテスが苦しみ、自己矛盾を抱えて違和感を感じていたからなのです。というのも、彼は二つの世界の分離に立ち会っていたからです。したがって、私としては——私はこの点も言いたかったのですが——歴史上の人物が典型的な人物であるとは思わないのです。「典型化」が本当に目的であるとは——少なくとも、典型的な小説の登場人物が——小説の目的であるとは思えません。小説の目的はむしろ普遍的なものを独自なものとして表現することでしょう。だが、普遍的なものを独自なものとして表現することは典型を意味しません。つまり、それ自身としてはまったく典型的ではない——たとえばドン・キホーテのような——人物を提示するということです。だが、じっさいは、むしろ、初めはある程度の曖昧さをもっている人物を表現しなければならないでしょう。曖昧さはその人物の持ち味であり、個性です。そして、それら登場人物において、読者は少しずつ、普遍そのものに移行することなく、具体的なものにおいてこの普遍性を見出すことができるようになる。私の言いたい意味を理解していただけるとよいのですが。

それに、登場人物は、ドン・キホーテのように、奇行だらけの人物、問題をひきおこす一種の馬鹿者である必要があります。彼は最初は奇人として、どこにでもいそうな人物として振る舞うだけです。その後、奇人のままでありながら、読者が彼のうちに時代の矛盾のすべてを感じる必要があります。このようにして、常にある事実、各人の人生の現実的かつ個人的な事実であるものが見えてきます。なぜならわれわれは具現化〔受肉〕だからです。つまり、自らが生きるシステムの普遍的なもの全体の独自化なのです。誰もがそのようなものなのであり、小説はまさにそれを示してくれます。ただ、さまざまな矛盾を生きる者を白昼の光の下に描いてしまうと真実にはなりません。反対に、矛盾のなかで自分のことがよくわからない存在として描き、矛盾が半ば隠され、捉えられる部分も捉えられない部分もあれば、芸術作品の次元にあるでしょう。つまり、図式化や抽象化の度合いがいかなるものであれ、われわれが見出す登場人物は、われわれ自身にとっての、また、他人にとっての、われわれひとりひとりの姿なのです。

声〔ルポリーニ？〕　失礼ですが、サルトルさん、芸術作品の実在や存在感に結びついている、芸術作品の価値の永続性の問題に答えるには、それだけでは十分ではないと思います。たとえば、遺跡の発掘調査で、私のよく知らないとある文明の芸術作品の断片を発見したとしましょう。ところが、それは私にとって芸術作品であり、したがって、その断片は直ちに私にとって芸術的価値を帯びている。こういったことすべては、解釈の問題を提起します。それは価値の直接的具現化、価値の永続性の直接的具現化であり、そうした具現化は、歴史的諸価値等々とはまったく異なる何ものかです。それはマルクスによって立てられた問題です。私はいまだ答を、あなたにおいても、デラ・ヴォルペ氏においても、ルカーチにおいても、一般的にも見つけることはできません。

サルトル　なるほどそのとおりですが、こう言いましょう。一方で、答を見つけることは、作品それ自体の分析と研究がなければできない。原則として、なぜある作品が残り、ある作品は残らないのかについて述べることは不可能です。それは作品自体に関する問題です。他方で、欠けているものがあります、私の考えでは……

声　それは一般的な問題です。

サルトル　たしかに一般的な問題です。でも、それは、個別の研究によってしか解決されえない問題です。ア・プリオリには決定できないのです。第二に、あなた方にも、われわれにも、価値の理論が欠けているということがあります。マルクス主義には価値の理論がありません。あなた方にもその理論が欠けています。私に言わせれば、あなた方マルクス主義者にとって、根拠のある価値論に関するマルクス主義的体系がありません。そもそも、そのような体系などないのです。われわれにしても、そのような体系を見つけたと言うつもりもありません。解明されたといっても、与えられたわけではありません。そう、まだ与えられていないのです。当然のことですが、マルクス主義的価値論を創設しなければならないでしょう。それは本質的な問題のひとつです。基礎原理はありますが、〔価値論は〕まだ与えられていません。したがって、あなたは、私にすればほとんど時期尚早に見える問題を提起したのです。というのは、あなたはその〔芸術作品の〕永続性を諸価値のうえに根拠づけようとしているからです。しかし、諸価値を見出し、諸価値を示さなければなりません。

声　すでにマルクスが……

サルトル　いや、マルクスにはこの問いに答えるような価値論はありません。われわれが昨日から今日にかけて定義したような、あるいは、無数の他の人たちがすでに定義したようなマルクス主義的体系において、どのようにして価値への移行が、要するに、規範への移行が存在しうるのかを、知る必要があります。そのことは示されていないのです。のみならず、個人および個人の活動についてのマルクス主義者の判断と、個人に関する弁証法的理解とのあいだには、ほとんど常に矛盾さえあるのです――根拠のある、しかも一貫している矛盾です。弁証法的理解は、個人を、一部の代表者、すなわち階級の代表者として捉え、階級から出発して行動すべく行動している者として捉えます。ひとつの問題があり、それはこれまで一度も論じられたことがないのです。それにもかかわらず、一九四五年から五二年にかけて、価値判断は濫用されました。価値判断の根拠などなかったのにです。当時、価値判断を根拠づけることなく、価値判断をおこないすぎたために、反動として、価値を扱わないマルクス主義を唱える動きが出てきました。人間というものは、経済および歴史的過程をとおして形成されるという考えです。それもまたうまくいきませんでした。それは、芸術作品を判断する可能性も、活動を判断する可能性もすべて排除してしまいます。

したがって、思うに、それは諸問題のうちのひとつであり、主体性に結びついていますが、しかし、そうは言っても……

声　私は、哲学的訓練において、第一級の作品から出発しました。私は、自分が本当に賛成か否かを知るために意見を述べたいと思います。マルクス主義的な価値理論に関してです……

サルトル　まさにそれが問題です。

声　……その理論において、主体は、芸術の問題は、所を得なければならないのですが……

サルトル　倫理もまたそうです……

声　当然です。

サルトル　ところが、これがきわめて困難な問題なのです。というのも今日、倫理は現状では可能ではない、つまり、人間関係が物象化され、物神崇拝があり、暴力的闘争である闘争がある現状では可能ではない、と言うこともできるからです。今日、倫理は不可能である*44、と言えるが、同時に、人類のあらゆる分野を説明することを望むのなら、倫理はあらねばなりません。

私の考えでは、この二つの問題は似ています。私が言いたいのは、たとえば、ある種の状況ではいかなる倫理的態度も取りえないということが明らかだということです。やや軽率に、あるいは、家族に無理強いさせられて、植民地の行政官になった青年がいたとしましょう。この青年が植民地に到着する。彼は、自分の管理下にある植民地の住民にたいして、いかなる種類の倫理も適用できません。たとえ彼がこのうえなく自由主義的であろうとも、自由主義的新植民地主義になってしまう。何もすることができないのです。同じように、結婚した男女の関係において、一方がまったく疎外されている場合、相手はどうしようもありません。私の見たケースです。疎外されている妻がいて、夫は彼女が働くことを望みました。夫の態度は正しかったのですが、妻の疎外をひどくしただけでした。というのは、妻が働いたのは夫への服従によってだったからです。したがって、あらゆる問題は、現実的状況によって、現実的分裂によって、現実的世界によって、全面的に転倒されているか、あるいは、倫理的活動ないしは価値論の現実的可能性はないか、どちらかということになります。それにもかかわらず、誰かと十五分間も話していれば、三十ほどの価値論的判断を表明せずにいるのは不可能です。したがって、そのことを説明する必要があるのです。ところが、厳密な意味でのマルクス主義的著作において、この件が本気で問題になったことは一度もありませんでした。

サルトル　私が思うに、さしあたり最も有益なことは——もうすぐ散会になりますから——どの点でわれわれの意見が一致したのか、他のどの点が一致していないのかをはっきりさせること、また、解決したと断言できず、単に指摘しただけの問題は何かをはっきりさせることです。私自身は賛成、不賛成について言うことはできませんから、われわれがみな一緒にそれについて言うことになればと思っています。たとえば、まずルポリーニ氏にお尋ねします。そこが出発点だと思うからです。あなたはとりわけ、認識における主体性の問題に触れましたが、私のほうはむしろ、実践における主体性、すなわち、われわれを取り囲んでいる人々との実践的あるいは感情的関係における主体性について詳しく述べました。しかし、われわれは、主体性が客観化への移行のための欠くべからざる契機であると表明することには賛成するでしょう。この表現に同意しますか。このことは私には本質的に思われるポイントです。ただ、その続き、つまり、この移行や契機をどう捉えるべきかについては意見が異なるようです。それでも、われわれは、物質的存在から客観的存在へ移行する現実的な弁証法的過程を見たように、私には思えます。なぜなら客観的なものは常に主体的なものに結びつけられているので、われわれは、物質的存在を客観的存在と呼ぶことができないからです。現実的だがまだ客観的ではないものとしての物質的存在が、客観的、社会的現実へ移行する、しかもその場合、現実が含んでいる矛盾のすべてをともないながら移行するということは、個人においてと同様に集団においても、主体的契機を前提にしています。あなたはこの用語によって、あるいは修正を加えた上で、この第一の結論を受け入れるのでしょうか。

ルポリーニ　たいへん答えやすく質問して下さり、大変ありがとうございます。私はその答を受け入れますが、ただ部分的に受け入れると言わねばなりません。率直に言って、客観化の契機があり、そうした客観化の契機は明らかに主体性に依存している、という事実は受け入れます。また、主体性はまったく除去できないものであり、常にそうであるという事実も受け入れます。他の点に関しては、つまり、この関係においてのみ、すなわち客観化の関係においてのみ客観性について語りうると言うなら、賛成しかねます。ここにはきわめて困難な問題があることを私は知っています。……

サルトル　言葉の問題、そして……

ルポリーニ　それは言葉の問題ではなくて……

サルトル　私は、言葉は概念と結びついているという意味で、言葉の問題だと言っているのです。私はヴィジエ(91)の次の文章をあなたに例として示しました。「もし人間がいなくなっても、原子核と原子核の構成要素とのあいだの内的関係はその客観的現実を保つであろう」。私にとって、このような文章は意味がありません。そうした内的関係は当然のこととして現実的関係を保つでしょう。しかし、そうした関係は誰にとっての対象なのでしょうか。そうした関係は、誰かにとっての対象、あるいは、いずれにせよ、なんらかの有機体、たぶんわれわれとは違う有機体にとっての対象でなければなりません。

ルポリーニ　そのような質問の立て方はすばらしいと思います。人間を欠いた客観性について質問するとき、われわれは神学の問いを立てているのです。

サルトル　まったくそのとおりです、もはや神しかいなくなります。

ルポリーニ　でも、たとえわれわれがその立場から反対の立場へ移るとしても、あいかわらず観念論的立場へ移行する危険が残っています。

サルトル　でも、それこそが避けなければならないことです。

ルポリーニ　ところが、正直に言えば、それこそ私があなたのうちに少々見出すものなのです。私が思うに、ここには媒介の問題、媒介の状況があります。あなた自身、「現実的なもの」という言葉を採用しました。そこで、「現実的なもの」とは何かを見てみましょう。客観性の奥底にあるものに準拠することなしに、現実的なものとは何かについて考えることはできません。私は、すでにこの問題の答をもっているなどとは言えませんが……

サルトル　たしかに、でも、いずれにせよ現実について言えば、観念論的ではないことがあります。太陽系は実在する(exister)ために人間を必要としません(92)。われわれが太陽系にたいして偶然的だというのは事実です。地球という惑星において、生命の進化によってわれわれが誕生したということにはおそらくなんらかの必然性があるでしょう。しかし、全体の系からすれば、太陽系全体からすれば、われわれの生存や滅亡は、少なくとも天文学的研究の見地からすれば、重要ではありません。この点を受け入れるなら、あなたもきっと受け入れるはずですが、ここに観念論はありません。世界は、人間のために作られたものではないし、人間を待っていたのでもないと考えるべきです(93)。

ルポリーニ　賛成です。

サルトル　なぜなら、それこそが現実というものだからです。

ルポリーニ　だとすれば、あなたの言う状況において、人間以前に、また、人間なしに、世界はあるということになりますね。

サルトル　もちろんです。

ルポリーニ　それでは、私が意識から出発させ、実践的運動としておこなう客観化はどうでしょうか。単に思考の水準、理論的反省の水準にはない関係もあります。すでに確立された関係で、私はそれをア、、、、、ポステリオリにしか知りませんが、その関係は現実の展開そのものにおいてすでに確立されています。

サルトル　まったく賛成です。

ルポリーニ　中間的な水準があります。それは中間的水準としてすでに確立されています。

サルトル　でも、あるときに、それでも、中間的水準が内面性によってとりもどされなければなりませんが……

ルポリーニ　……でも、中間的水準が、私の客観化の運動が、常に同時に現実的客観性の克服、現実に実在している客観性の克服となるように仕向けているのですが……

サルトル　実在し、客観性へと戻っていく現実の〔克服〕であって、客観性の〔克服〕ではありませんが……

ルポリーニ　単純にこうも言えるでしょう。人間にたいして構成される客観性がある、と。私が思うに、客観性というものは、人間にたいして、すでに人間の実存のスケールに従って構成されます。つまり、それは多かれ少なかれ生物学的存在のために構成されるのと同じ客観性です。この客観性は、世界についての直接的反省から出発して、人間の内面性において構成されるばかりではありません。それは、同時に、この客観性から出発して、あなたが現実的なものと呼んでいるもの、すなわち、人間というものから出発して構成されます。そこで、これを第一の客観性と呼びましょう。同じ言葉を使わないために、混乱を引き起こさないために……

サルトル　でも、その場合、なぜ客観性という言葉を使うのですか。現実という言葉のほうがより適合しているようですが……

ルポリーニ　それは、私がそれをとおして事柄を客観化するところのそうした運動、私がそこから生物学的存在として現われてくるところのそうした運動がないだろうからです。

サルトル　その点ではまったく賛成です。ただし、そのような出現は再全体化のかたちでおこなわれます。まったくもってそうなのです……

ルポリーニ　非常に重要なことを言いたいのですが。客観性の即自(*en soi*)、自己(*soi*)、客観性の自己内性(*In-sich*)、対象の部分の即自(*en soi*)があります。私は対象の部分の即自を獲得するだけでなく、その運動によって征服するのです……

サルトル　メルロ＝ポンティなら同意するでしょうね。

ルポリーニ　この点を忘れることはできません。さもなければ、たとえば、なぜ科学が常に近似的なのか説明できなくなってしまうでしょう。科学が近似的であると言うとき、とても重大な問題が提起されているのであり、だから、それは科学的立場であるとは言えないのです。だからこそ、定義されるべきものとして現実があるのです。すなわち、人間的現実、無意識の運動……

サルトル　そのとおりですが、そのときあなたは、まったくもって、客観性を、私が先に述べた主体性との関連で定義しています。結局、あなたは、背後に何ものかがあり、前方に何ものかがある、と言っており、いずれの場合にもそれを即自(*en soi*)と呼んでいます。でも、即自とはまさにわれわれにたいしてはないのです。即自があり、次に、対他(*pour autrui*)ないしは対我々(*pour nous*)、あるいは対自(*pour soi*)があるのです。

ルポリーニ　移行というものがあり、その名前は……

サルトル　ところで、この移行、すなわち対我々は、主体性によってなされます。そして、科学の限界を確定するとすれば、私の考えでは、それは人間認識の相互主体的限界を確定することになります(94)。なぜなら、結局のところ、その際にわれわれはそこで立ち止まるからです。なぜでしょうか。それは、しかじかの歴史とは、ある種の手段によって、ある原理によって再全体化したものだからであり、そこにはある現実との関連でのわれわれの主体性があるからです。現実は、あらゆる手段で主体性からはみ出しますが、たしかに、歴史の段階をとおして少しずつ征服されるようになります。この歴史の段階は常に主体的なものと見なされなければなりません。言い換えると、科学の主体性があり、それは、科学は今ここにあり、他所にあるのではない、という事実です。これは少しも観念論的ではない主体性です。なぜなら、その主体性は、発展全体に、有機的存在に、社会的存在に、われわれの実践に基づいて作られた道具に、実践を解明する理論に由来しているからです。だが、結局、どの世代もそうなのです。そして、われらの後継者、後代の人びとも、祖父たちはまだこんなことを信じていたのだと言うでしょう。つまり、われらの後継者は、われわれの主体性をわれわれに送り返すことになる。それは、われわれが中世の人びとにたいしておこなったのと同様です。私が思うに、その点について、それでもやはり……

ルポリーニ　それについて何時間も討論できるでしょう。でも、違いもあります。つまり、主体性の客観性、正確に言えば、主体性がもつ根源的な客観性というのがあるのです。明らかに、反省によってでなければ見ることのできないものがあります……

サルトル　主体性は本来的に客体＝対象と関係がある、と仰りたいのですか。だとすれば、全面的に賛成です。主体性をそれ以外に考えることはできません……

ルポリーニ　それは観念論的な答です。

サルトル　それとも、主体性は現実の契機以上のものであり、そうした現実の契機によって、次に、即自存在が客観的なものとして構成されると仰りたいのですか。言い換えれば、客観的なものの即自、、があると仰りたいのですか。

ルポリーニ　私が言おうとしているのは、現実的、客観的関係がある、それは私を主体化する存在と、惰性的存在とのあいだに……

声　きみがぜひとも話題にしたがっていた言語学的区別についてはどうなるんだろうか。討議が客観性と現実とを同一視する方向で続くのであれば。客観性は現実ではないだろう。

サルトル　あなたは、客観性と現実とを結びつけているのですか、それらを同一視しているのですか。

ルポリーニ　ちがいます。問いを立てましょう。なんらかの仕方で客観性を参照することなく、現実について語りうるだろうか。これが質問です。

サルトル　無理ですね。

ルポリーニ　現実性が定義されるまでは、現実と客観性とは別ものである、と言うことができるでしょう……

サルトル　いや、それは無理です。というのも、厳密な仕方で認識しているものはすべて決定されており、客体＝対象であるからです。でも、常に彼方にある、近似的なものの彼方にある何ものかについて語る場合、それはいまだ客観的になっていない現実です。というのも、現実がわれわれにたいして存在するのは、われわれの経験の客観的かつ主体的停止としてのことにすぎないからです。以前、マイケルソンとモーリーが話題になっていたとき、ある種の原理は好きなように解釈できる、という話がでました。しかしながら、いまでは、マイケルソン＝モーリーの実験〔エーテル説がひっくり返されるきっかけとなった実験〕が介入しないようにすることはできません。マイケルソン＝モーリーの実験はわれわれに何を与えるのでしょう。あらゆる方向へ向かう一定の速度をもった光です。これはニュートン力学と完全に矛盾しています。それは矛盾を惹き起こします。

現実における矛盾ではなく、認識における人間にとっての矛盾です。このことは何を啓示するのでしょう。科学は存在しないか（これは不合理です）、われわれが理解しなかった何かがあるかのどちらかだ、ということです。われわれから逃れ、われわれの認識の矛盾によってのみ露わになる現実を、客観性と呼ぶことができる、とあなたは本当に思いますか。私ならば、現実と呼びます。同様に、今日では、サブ量子力学が生まれています。というのも、高エネルギーの領域において、互いのなかで変化する粒子がある、ということに気づいたからです。だが、その問題に深くかかわる科学者たちが一様に同意している点があります。今のところ、これを処理するためのいかなる数学的道具もないという点です。つまり、いくぶん偶然に、ちょっとした幸運により、あるいはわずかの天才により、文章や公式を利用して、現実を捉えていくが、完全に到達はできません。この現実は、全面的に、外部に、われわれの外に、現実として存在します。しかし、それはわれわれにとってあいかわらず相対的な客観性しかもっていません。この客観性は敷衍されることはなく、完全なものとなることはありません。われわれは、それらの粒子が存在していることを知っていますが、それらの粒子をじっさいに認識するための手段をもっていません。十年後なり二十年後なりにそれらの粒子を認識できるようになるかもしれません。粒子が存在していることを知ることは、客観性の進歩です。しかし、粒子によって科学全体が困惑してもいるのです。こういったことが、科学が危機に陥っている原因のひとつなのです。科学にはそれを処理する手段がないからです。たとえば、ヴィジエが粒子について語るとき、満たされるべき条件下での粒子について語ります。私の言い方では、それは進行中の客観性、運動中の客観性、いまのところは含意されたままだが、やがて明示される客観性であって、真の客観性ではありません。

そうはいっても、それは絶対的現実ですし、実在しています。そして、たとえわれわれが実在していなくとも、それは常に実在しているでしょう。その意味で、それを観念論と呼ぶことはできません。というのも、観念論というものは、存在はいかなる仕方であれ知覚され、それが存在である、という立場だからです。

サルトルの現代性

フレドリック・ジェイムソン

本書を読んで感じることは、明確には決定できない、多様な解釈の可能性があるということだろう。本書は、一方で、ある出来事の記録、一九六一年にローマのグラムシ研究所で、『弁証法的理性批判』の著者サルトル（すでに「フロベール論」を執筆中だった）と、イタリアの第一級のマルクス主義者たち（多くはイタリア共産党のメンバー）が出会った記録である。その意味で、非常に大きな歴史的重要性をもった相互作用の記録であり、共産党およびマルクス主義そのものにたいするサルトルの態度（イタリア共産党は、フランス共産党よりも、この種の討論会にたいして開かれていた）についての資料となっていると同時に、当時のイタリアのマルクス主義において哲学的動向が活発で多様であったことの証言でもある。

しかし、本書はさらに、ひとつの、あるいは、一連の哲学的態度表明でもある。サルトルは、『存在と無』と『批判』とのあいだにある連続性や、『批判』とヘーゲル哲学との親近性を明らかにしているが、その際、主体性にたいする自らのアプローチに関して興味深い説明をおこない、自らの思想の非主観主義的（かつ非観念論的）

性格を強調している。さらに、この討論会は、エンゾ・パーチ、チェーザレ・ルポリーニ、ガルヴァノ・デラ・ヴォルペ、ルチオ・コレッティといった錚々《そうそう》たるイタリアの知識人たちの側からの意味深い発言を含んでいる。それらの発言は、彼らの傾向性と彼らの対立点を生き生きと示している。

予想にたがわず、討議はしばしばマルクス主義的論争の歴史における古典的テーマに立ち戻る。とりわけ、史的唯物論と弁証法的唯物論とのあいだの区別（換言するなら、人間的認識に開かれた諸可能性に関心を示すカントやヴィーコの立場と、自然の弁証法を主張する唯物論的哲学とのあいだの区別）である。西欧マルクス主義（ないしは非共産主義的マルクス主義）と、より「正統派の」マルクス主義とのあいだの不和の種としばしば見なされるこの点に関して、サルトルは留保を示すと同時に妥協点を探ろうとする。サルトルは、ある種の自然法則は弁証法的でありうることを認めるとしても、「自然」についての唯一の弁証法があるとする考えを支持することは拒否する。そして、戦術的に言って、「反映（reflet）」（*Wiederspiegelung*すなわち「反映としての認識論」）という評判の悪い言葉を、異論の少ない別の言葉（たとえば、「一致（adéquation）」という言葉）によって置き換える必要はないのかと、慇懃に尋ねるのである。

その後に続くのは、矛盾の概念（コレッティの思想の中心的位置を占めることになる）に関する結論の出ない討議だ。サルトルは、マルクス主義哲学における倫理的次元の欠如、すなわち価値論の欠如をかなり強く主張する。その後、議論は芸術や美学の領域へと意図的に逸れていき、サルトルは『ボヴァリー夫人』のケースを引き合いに出して、重要な芸術作品には、主観的次元と客観的次元が同時に備わっているということを証明しようとする。それにたいして、デラ・ヴォルペは、いわゆる詩的言語によって提起される諸問題を長々と展開する。「討論会」は、和解的な合意というかたちで終わり、論争者たちは、「批判的コミュニズム」の必要性を認めることで意見の一致をみる。この「批判的コミュニズム」という表現は、エチエンヌ・バリバールによっておよそ三十年後に当世風の色合いをつけられ、まったく異なる意味を与えられることとなる。

さて、こうした表現の偶然の一致から見えてくることがある。それは、本書にいかなる観点からアプローチするにせよ――歴史的出来事としてにせよ哲学的態度表明としてにせよ――第三の見地からも本書を考察しなければならないということだ。つまり、政治も哲学も状況がすっかり変貌した約五十年後のわれわれの立場から見当するということだ。この討議を読む者は、二者択一を迫られるのだ。すなわち、この討論会を、相対的に超然とした仕方で、純然たる関心から、過ぎ去った知的歴史のなかの出来事として読むのか、それとも、この討論会を、現代の状況にも通じるものとして、その妥当性ゆえに検討するのか。そして、後者の場合、現代の状況とは、マルクス主義理論が、グローバル化された後期資本主義の危機や構造についての理論として、より経済に特化した諸問題を強調するようになっている一方で、哲学は哲学で、言語学的な問題設定であれ、形而上学的な問題設定であれ、ポスト個人主義という問題設定を選んでおり、（ドゥルーズやバディウの著作、さらにはラカン主義者たちの著作において）時にはカント的諸問題についてさえ再説するような状況のことである。

こういった現代の諸傾向とつきあわせたとき、サルトルの立場は、多くの点で、挑発的に見えるだろう。主体性をめぐるこの討議は、テーマそのものからして――少なくとも、プログラムおよび最初の趣旨に基づいて考慮するなら——経験に関する現象学以後のさまざまな構想にたいする、実存主義以後の思想やアルチュセール主義からの敵意を再燃させるものであろう。『批判』において展開された「全体化」という語の用い方は、全体性に関する諸観念にたいする拒否（かつてなされ、今は休眠状態にある）を甦らせかねない。たとえ、サルトルが、この言葉を使う際には、動きを欠いた名詞としてではなく、過程なり能動性を強調しているとしてもそうなりかねないのだ。その一方で、この言葉遣いが、若干の変更を施されて、領土化（territorialisation）、脱領土化（déterritorialisation）、再領土化（reterritorialisation）というドゥルーズの三位一体的表現のうちに引き継がれた事実に憤慨する人は、ほとんどいない。最後に、サルトルが自由という言葉を活用する仕方に関して言えば、自由という観念にたいする、より純粋に哲学的な批判を活性化することになるだろう。しかし、それはサルトルが対自のジレンマについてきわめて入念な分析をおこなったからというよりは、集団の倫理学にたいしてほとんどカント的とも言うべき障壁を立てたためなのだ。サルトルは、この討議において、集団の倫理学の到来を願っているが、このような集団の倫理学は定言命法の抽象化以上のものにはなりえなかった。このことは、スターリン以後の、さらには、フルシチョフ以後に行なわれたこのマルクス主義理論に関する討論会において、サルトルが「人間主義」という言葉を時折使用していることからも、見てとれる。

論争相手のイタリア人たちは、サルトル思想の契機の根本的弱点だと私には思われる点を突いてこない。根本的弱点とは、私があえて「モナド的」と呼ぶ傾向であり、アルチュセールが、ヘーゲルや他の哲学者たち（そこには、ルカーチはもちろんのこと、この討論会の守護神であるグラムシ自身さえも含まれる）において、「表出的」全体性の誤りとして告発した傾向のことである。つまり、ある特定の事象や個人が、社会ないしは歴史の契機の全体を含んでおり、それゆえ、解釈学的探究(サルトルが評伝や「実存的精神分析」において試みたこと)の対象となりうる、という考え方である。この見解は、サルトルが「具現化＝受肉」と呼ぶもの、すなわち、「各個人は、ある仕方で、自らの時代を全的に表象している」ことを前提にしている。個人は、「社会全体を自らの観点によって生きる」(たしかに、サルトルは注意深く、「集団もしくは何らかの総体」と付け加えるし、この明確化によって階級および階級意識の観念の検討が可能になるのだが、この討論会では冒頭でわずかに言及されたにすぎない)。サルトルが最後の企て──『家の馬鹿息子』──で採用した伝記というアプローチは、彼の出点である個人的コギトと現象学的経験の記述の復活と見なすことができた(逆説的ではあるが、ハイデガーの『存在と時間』は、デカルト的ないしは人間主義的言語を断固として避けているにもかかわらず、サルトルと同じ袋小路に入ってしまっているように私には思える。そのためにハイデガーは例のケーレ〔転回〕をおこなったのだ)。

私が以上のような問題提起をするのは、サルトルを哲学的に批判するためではない。むしろ、現代の諸々の哲学的討議や哲学的問題関心と、サルトルとの隔たりを強調するためなのだ。というのも、後期資本主義およびグローバリゼーションの多様な制度的枠組のなかでは、ある個人によってなされた実存的選択や、ある自由による伝記的冒険といったものは、もはやさしたる重要性をもたないように思われるからである。マルクス主義研究の分野においてさえ、イデオロギーという概念は信用を失い、個人が階級および階級意識にたいして持つ関係よりも、階級それ自体の問題のほうが重要とされているのである。そしてその際、問題となっているのは、階級が今なお存在しているのか、もし存在しているとするならば、いかにして階級を行動へと駆り立てられるのかということである。ところが、これこそまさに『弁証法的理性批判』が、集団および階級の力学についての分析で、われわれに考察を促すものであり、生産的エネルギーを注いでいるものなのだ。

サルトルの「リバイバル」によって、ハイデガー（現代思想に今なお君臨する）がしばしば意味もなく援用されるという事態が見直される可能性はあるだろうか。この件に関して言えば、私は次の点を証言しておこう。若い読者たちは、今日でも、『存在と無』の記述に強い衝撃を受け、そこで展開される自由についての分析がもつ現象学的・哲学的真実を認めていることは間違いない。とはいえ、『存在と無』の用語が、制度としての哲学が解決しなければならない新たな問題を提起するようには、もはや見えないことも事実である。哲学という制度のうちで、現代的だと見なされるのはむしろ初期サルトルのほうである。『自我の超越』のサルトルは、意識の非人称的性格を強調し、「自我」と人称（人格）的同一性《アイデンティティ》を脱中心化した。じっさい、この短い論考は、「主体の死」という、構造主義およびポスト構造主義にとってなじみが深く、今日なお影響力をもっている考えを予示したと言える。同時に、『批判』のサルトルは、逆方向の問題において有効な考えを提示している。「集合的意識」という概念が通常受け入れられることのない生物学的状況において、集団や集合体の「同一性《アイデンティティ》」を問題にしたからである。こうして、ゲリラ兵（あるいは遊牧民）の編成単位のような小集団の力学が、より大きな集合体（世論のような）を特徴づけている集列的疎外と対比される『弁証法的理性批判』のくだりは、政治および哲学の次元において、今なお類まれな喫緊の課題を示している。

サルトル思想のこの二側面のあいだに、どのような関係を確立できるか。これこそ「ローマ講演」がもたらす重要な課題のひとつである。

用語というものは、今なお哲学的議論の迷宮を進むための導きの糸だが、それが機能するには、同時に二つの仕方で問いかける必要がある。新しい用語によって、いかなるジレンマが回避ないしは無力化できるのか。そして、新しい用語によっていかなる本質的な観念が曖昧になったり、覆い隠されたりすることになったりするのかが問われなければならない。サルトルは、ハイデガーと同様に、とりわけ、主体化の幻想から逃れようと努めた。ハイデガーの場合は、意識の言語および擬人化の言語を注意深く退けることによってだったが、サルトルの場合は逆で、意識の言語を徹底的に強調することで、同一性と自我に関する人称〔人格〕化された諸々の言語にとっての場所を失わせてしまったのだった。その意味で、全体化という語のサルトルによる新しい用法は、いわば「語用論的ハイデガー」を取り込んだものだった。サルトルは投企としての意識という観念を展開するに際して、世界、「世界性（mondéité）」、「世界化（mondisation）」といったハイデガーの着想を組み入れつつ、意識の観念を拡大しただけでなく、いかにして連続的時間性が、おのれの周りのすべてを、「手許性（用具存在性：*Zuhandenheit*）」――用具的な「手許の」存在――のうちへと引き寄せるのかをも描写するが、手許性は、旧来の認識論的で、静的で、観想的な哲学、すなわち、客体および客体の単なる認識可能な現前（客体存在性：*Vorhandenheit*）に関心が向けられている哲学とは、まったく異なるものである。

しかし、同一性よりも差異のほうが豊饒だと考える現代思想からすれば、全体化という言葉は統合性を優先するように見えるだろう。われわれは、複数の主体が多様で異質であることを望み、〔歴史の〕過程《プロセス》――たとえ絶え間ないものであっても――よりも、複数の主体‐立場が相互に通約不可能であることのほうを好む。

というのも、過程の場合は、最終段階に、再統合された主体なり自我が姿を現わしかねないからだ。したがって、現代人は、主体性がはかない現象である点をサルトルが強調している——おそらくこの討議において最も衝撃的な瞬間だ——ことを知って、ほっとするにちがいない。主体性は構造でも本質でもなく、ひとつの契機でしかないとされる。そして、契機といっても、客体性や、世界や、世界における行動のうちへとすぐさま再び消え失せるものだとされるのだ。とはいえ、この強調には代償が、きわめて高い代償がある。ヘーゲル主義という代償である。

というのは、『批判』において「主体性」を描写するためにサルトルが採用した語り口は——たとえサルトルが「主体性」という語を拒否し、主体と客体という語彙上の区別によって生み出される有害な結果に関してヘーゲルが述べた警戒心を引き合いに出すにしても——それでも、きわめてヘーゲル的だからである。なぜなら、われわれは、自分自身のうちに「戻る」前に、また、新たな外在性を準備する前に、おのれを外在化するとされるからである。ここには、ヘーゲル思想に遍在する客観化の過程が見出されるが、マルクスはそうした客観化を、周知のように、その否定的形態である「疎外」から、すなわち、われわれが自己を自己にとって他なるものとする仕方から区別しようとした。実践（この言葉そのものは、ヘーゲルの死からわずか十年後にチェシコフスキ伯爵によって新たな意味を付与された）は、もちろん、ヘーゲルおよびゲーテの絶え間のない活動性（*Tätigkeit*）——すなわちactivité——という概念のサルトル版であり、サルトルにおいては、資本主義的産業の意味であるよりも、人間的意味における生産の倫理学となる。

いずれにせよ、この内面的なものと外在的なものとの弁証法、すなわち、世界を変え、次いで自我に戻ることにより、今度は自我を変えることになる弁証法は、今ではよく知られた比喩ないしは文彩《フィギュール》である。サルトルの論証の展開に見られる、ヘーゲルとは正反対の現代的な部分は、言語活動の重視、すなわち、言語活動が内面性を客観化し、内面的なものを外在的なものに変え、次いで外在的なものがおのれの出発点を無言の(muetteないし*wordless*)主体性に変える点を重視することだ。この弁証法は、今では物象化と呼ばれている(サルトルは、『存在と無』で、「物化(choisification)」というかなり破格な用語を導入した)。自身の私生活や新聞、さらには小説からサルトルが引く例が明らかにするのは、倫理学や抽象的で普遍化的な行動理論などから、哲学者兼小説家サルトルが学ぶものは何もないのはなぜなのかということである。サルトルが重視するもうひとつの点は、言語活動そのものが、最良の場合も最悪の場合も、一種の物象化の形式化だということである。たとえば、「愛」という言葉に関して、モスカ伯爵〔『パルムの僧院』に登場するパルム公国の大臣〕を苛《さいな》む有名な不安は、名指すという行為がすべてを一瞬に変えてしまう力をもっていることを証明する。一方、性格に関する物象化——労働者は自分が反ユダヤ主義者であることに気づき、レリスはたえず自分の反抗的で無政府主義的な性向を露わにする——は、サルトルの弁証法を、精神分析の言語に近づける。しかも、サルトルが〈無意識〉という概念を哲学的に拒否したことから想像される以上に、緊密に近づけるのだ。じっさい、もし〈無意識〉と名づけられたものを、一種の非‐知としての過去(記憶の概念のような言語学的に定義可能な概念に還元することができないもの、身体のなかに堆積したままのもの)に置き換えていたなら、サルトルにとって、とりわけ評伝作品において、より実りあるものであることが明らかになっただろう(この置き換えは、フロイトにやっかいな哲学的問題を提起し、また、ラカンに彼の理論の巧みな書き直しを強いるものだ)。

まさにそのとき、階級が現われる。そして、この点についてこそ、マルクス主義者たちとのあいだで、きわめて生産的な対話が可能だったろうと思われる(まことに残念ながら、そうはならなかった)。というのも、サルトルがここで強調するのは、社会集団間——それは究極的には支配者と生産者という二つの基本的な社会集団間だ——の不可避の衝突である階級闘争についてではないからである。むしろ反対で、サルトルは、一定の集団のただなかにおける階級意識によって覆われた歴史的形態のほうに関心をもつのだ。また、特殊な科学技術というかたちをとった主体性の外在化が、その科学技術の利用者に戻ってきて、利用者の意識の型を創り上げるという仕方に関心をもつのである。意識の型は、そのあと、階級闘争の社会に舞い戻り、そこにおいて独特の役割を果たす。サルトルは、熟練工の階級意識が彼らの専門的能力を必要としていない科学技術によって脅かされるようになったときを例にとる。科学技術は「プロレタリアート」を大量の非熟練労働者にしてしまう。非熟練労働者は、労働、政治、いわゆる階級闘争にたいして、まったく異なる関係をもつ。

以上が、科学技術および労働の新しい形態が、われわれの社会生活を変えてしまった時代、また、科学技術および労働の新しい形態が、社会的・政治的分析をとおして集められた古いカテゴリーを時代遅れのものにしてしまったように見える時代において、マルクス主義者にとって、今日、サルトルの主体性についての分析から引き出しうる、最も興味深く精緻な教えである。じっさい、今日、復活させなければならないのは、階級闘争の観念ではない。それはすでに遍在し、無視できないものである。われわれに必要なものは、階級意識の本性および機能を新たな仕方で把握することである。「ローマ講演」のサルトルは、この点について、われわれに重要なことを語っているのだ。

注記

❖原注

意識と主体性

(1)「マルクス主義は停滞してしまった。この哲学が世界を変えようと願い、〈哲学の現実世界化〉を目指し、実践的でありまた実践的であろうと願うまさにそのために、その内部には理論と実践とをそれぞれ別の側にしりぞけてしまう正真正銘の分裂を生じた」(Jean-Paul Sartre, *Critique de la raison dialectique*[1960], Paris, Gallimard, 1985, p.31.〔『方法の問題』、平井啓之訳、人文書院、二九〜三〇頁〕)。

(2)「マルクス主義はわれわれの時代の哲学としてとどまっている。それを生んだ状況がいまだ乗り越え不可能なため、マルクス主義は乗り越え不可能である。[……]しかしマルクスの命題は、社会関係の変化と技術の進歩とが人間を稀少性のくびきから解放しないかぎりは乗り越え不可能な明証《エビデンス》である、とわたしには思われる」(*ibid.*, pp.36 - 39.〔同訳書、三七、四二頁〕)。

(3) Marc Lazar, *Maisons rouges. Les Partis communistes français et italiens de la Libération à nos jours*, Paris, Aubier, 1992, pp.257-258.〔『赤い家。〈解放〉から現在までのフランス共産党とイタリア共産党』〕

(4) *Ibid.*, p.114.

(5) Jean-Paul Sartre, *Critique de la raison dialectique*, *op. cit.*, p.30.〔『方法の問題』、二九頁〕

(6) Georges Lukács, *Existentialisme ou marxisme*, traduit du hongrois par E. Kelemen, Paris, Nagel, 1948.〔『実存主義かマルクス主義か』、

城塚登、生松敬三訳、岩波書店〕

（7）コスタス・アクセロスとジャクリーヌ・ボワとによるドイツ語からの翻訳、パリ、ミニュイ社、一九六〇年、コスタス・アクセロスによる序文。一九二三年にドイツ語で出版されたこの著作には、一九一九年から二二年までのあいだに書かれた論考が収められている。

（8）同じく一九二三年に出版されたこの本は、一九六四年にミニュイ社からフランス語で出された。

（9）*Histoire et conscience de classe, op. cit.*, pp.67-102.〔「階級意識」、『歴史と階級意識』、城塚登＋古田光訳、白水社、イデー選書、九九〜一五八頁に所収〕

（10）*Ibid.*, p.73.〔同訳書、一〇七〜一〇八頁〕

（11）*Ibid.*, p.99.〔同訳書、一四六頁〕

（12）ドイツ語表現の*zugerechneten Bewusstsein*は、フランス語では、「負託〔落札〕された意識（conscience adjugée）」と翻訳されるが、同様に「責任を負わされた意識（conscience imputée）」とも訳される。競売は「やむをえない売却（vente forcée）」である、ということを思い出してみよう〔この部分はあくまでもフランス語という文脈で成り立つ説明であり、日本語には反映しにくい。なお、邦訳では、*zugerechneten*は、多くの場合、「〜に帰属される」と訳されている。ここでは「基礎づけられる」としておく〕。

（13）*La Sainte famille ou critique de la critique critique. Contre Bruno Bauer et consorts*, 1845, Karl Marx, *Œuvres III, Philosophie*, Paris, Gallimard, Bibliothèque de la Pléiade, 1982, p.460.〔『聖家族、別名　批判的批判の批判、ブルーノ・バウアーとその伴侶を駁す』、石堂清倫訳、「マルクス＝エンゲルス全集」第二巻、大月書店、三四頁〕

（14）Maurice Merleau-Ponty, « Sartre et l'ultra-bolchevisme », in *Les Aventures de la dialectique*, Paris, Gallimard, 1955, pp.131-271.〔「サルトルとウルトラ・ボルシェヴィズム」、『弁証法の冒険』、滝浦静雄他訳、みすず書房、一三一〜二八〇頁に所収〕

（15）« Le marxisme "occidental" », in *ibid.*, pp.43-80.〔「「西欧」マルクス主義」、同訳書、四一〜七九頁〕

（16）*Ibid.*, p.57.〔同訳書、五六頁〕

（17）Emmanuel Kant, *Premiers principes métaphysiques de la science de la nature*, trad. J. Gibelin, Paris, Vrin, 1952, p.7, note1.〔『自然科学の形而上学的原理』、高峯一愚訳、「カント全集」第十巻、理想社、一九五頁〕

（18）Jean-Paul Sartre, *L'Être et le néant*[1943], Paris, Gallimard, 1965, p.142.〔『存在と無』、松浪信三郎訳、第一分冊、人文書院、二六一頁、

ちくま学芸文庫、I、二九〇頁〕

(19) Jean-Paul Sartre, *Qu'est-ce que la subjectivité?*, Les Prairies ordinaires, 2013, p.52.〔本書、五二頁〕

(20) サルトルが本講演で述べる例。

(21) Jean-Paul Sartre, *Qu'est-ce que la subjectivité?*, Les Prairies ordinaires, 2013, p.52.〔本書、五三〜五四頁〕

(22) 誤解を避けるために強調しておこう。主体性の規定を定めるサルトルのこのテーゼの背景には、『弁証法的理性批判』で繰り返しおこなわれる、集団にとっての不断の誘惑である「有機体説的錯覚」にたいする批判がある。「集団は次のような厳密な法則〔不断に手直しされ不断に失敗する全体化の法則〕にしたがっているがゆえに、集団は有機体説的意味によってつきまとわれている。すなわち、もし集団が有機体的統一性をおのれに与えるのに成功する——だがそれは不可能である——ならば、それは、そのこと自体によって、超有機体となるであろう(というのも、集団は偶然性を排除する実践的法則にしたがって自己自身を生み出す有機体となるであろうから)。しかし、そのような規定は集団に厳格に禁じられているのであるから、集団は全体化として、実践的有機体の手前にあるものとして、実践的有機体の所産産物の一つとして、とどまる」(Jean-Paul Sartre, *Critique de la raison dialectique*, *op. cit.*, p.631.〔『弁証法的理性批判』、II、平井啓之他訳、人文書院、二二七〜二二八頁〕)。

(23) *Ibid.*, p.653.〔同訳書、二五五頁〕

(24) この観点から、詩をめぐる討論の部分はきわめて興味深い。

(25) *Histoire et conscience de classe*, *op. cit.*, p.106.〔前掲訳書、一五八頁〕

(26) *Ibid.*〔同訳書、一五六〜一五七頁〕

(27) *Ibid.*, p.252.(強調は引用者)〔同訳書、三六〇頁〕

(28) 「しかし、それればかりでない。意志は、自由の唯一の現われ、あるいは少なくとも特権的な現われであるどころか、むしろ反対に、意志は、自己を意志として構成することができるためには、対自のあらゆる出来事と同様に、一つの根源的自由を、根拠として前提する。事実、意志は諸目的にたいして、反省的な決定として、自己を立てる。けれども、それらの目的を創作するのは意志ではない」(Jean-Paul Sartre, *L'Être et le néant*, *op. cit.*, pp.497-498.(強調は引用者)〔前掲訳書、第三分冊、三六頁、ちくま学芸文庫、III、四四頁〕)。つまり、根源的自由から切り離されたあり方で、意志が独力で目的を打ち立てることはできない。なぜなら、意志の唯一の能力は手段を管理することだからであり、その結果、意志は、神的意志に支えられた真理や価値の領域を承認するか、必然と見なされている経済的領域の要求に応えるか、だからである。政治再興のために有効と考えられる政治上の主意主義は、じつは無力と同義語であり、（神的）上部ないしは（自然的）下部の超越的秩序への服従と同義語である。

(29) Simone de Beauvoir, *Privilèges*, Paris, Gallimard, Les Essais, LXXVI, 1955, p.7.〔『特権』〕この特権の観念とその観念のボーヴォワール特有の使い方については、*Geneviève Fraisse, Le Privilège de Simone de Beauvoir, suivi de Une mort si douce*, Arles, Actes Sud, 2008.〔ジュヌヴィエーヴ・フレース『シモーヌ・ド・ボーヴォワールの特権／かくもおだやかな死』〕を見よ。この作品についてのわれわれの書評も参照されたい。Michel Kail, *Travail, Genre et Sociétés*, Paris, La Découverte, 2012/2, n° 28, pp.212-214.〔ミシェル・カイル、『労働、ジェンダー、社会』誌、第二八号所収〕

(30)『あれかこれか（*Aut Aut*）』は、イタリアの権威ある哲学雑誌で、一九五一年に創刊され、現在の編集長はロヴァッティ（Pier Aldo Rovatti）。サルトルの講演が掲載された号は、「『批判』以後のサルトル（Sartre dopo la *Critique*）」と銘打った「特集号」。サルトルのテクストは一三三～一五一頁に、討論の抄録は、一五二～一五八頁に掲載されている。

(31) 講演の前に、ミシェル・カイルによる紹介文「サルトル講演への導入　意識は主観ではない」（一～一〇頁）、後に、ティボール・サボ（Tibor Szabó）による覚え書き「付記――サルトル、イタリア、主体性（Note annexe, Sartre, l'Italie et la subjectivité）」（四〇～四一頁）が収録されている。この場を借りて、編集長のクロード・ランズマンに、本書への講演の再録を寛大にも許可してくださったことに心より感謝申し上げる。

(32) 討論部分の録音テープも同様に紛失状態にある。われわれは、グラムシ研究所での討論のタイプ書き起こし原稿を入手し、われわれに託してくれたパオロ・タマシア（Paolo Tamassia）と、グラムシ研究所との連絡の便宜を図ってくれたガブリエッラ・ファリーナ（Gabriella Farina）に深甚の謝意を表したい。二人ともイタリアの著名なサルトル研究者である。

(33) この場を借りて、本書の出版元の社主ニコラ・ヴィエィユカーズ（Nicolas Vieillescazes）氏に感謝申し上げたい。氏は本書出版の原動力であり、見事な適切さと大いなる情熱をもって事を運んでくれた。

(34) Karl Marx, *Œuvres, III*, Paris, Gallimard, Bibliothèque de la Pléiade, 1982, p.469.〔『マルクス＝エンゲルス全集』第二巻、大月書店、三四頁〕

(35) 「労働生産物が、価値であるかぎり、その生産に支出された人間労働の、単に物的な表現であるという、後の科学的発見は、人類の発展史上に時期を画するものである。しかし、けっして労働の社会的性格の対象的外観を逐《お》い払うものではない。この特別な生産形態、すなわち商品生産にたいしてのみおこなわれているもの、すなわち、相互に独立せる私的労働の特殊的に社会的な性格が、人間労働としてのその等一性にあり、そして労働生産物の価値性格の形態をとるということは、かの発見以前においても以後においても、商品生産の諸関係の中に囚われているものにとっては、あたかも空気をその成素に科学的に分解するということが、物理学的物体形態としての空気形態を存続せしめるのを妨げぬと同じように、終局的なものに見える」(*Le Capital, 4, in* Karl Marx, *Œuvres, I*, Bibliothèque de la Pléiade, 1965, p.608.〔向坂逸郎訳、岩波文庫『資本論』(一)、一三四〜一三五頁。*Das Kapital*, Erster Band, Karl Dietz Verlag Berlin, 2008, S.88〕)。

(36) *Introduction à la critique de l'économie politique*[1857], Paris, Éditions sociales, 1972, p.170.〔『マルクス＝エンゲルス全集』第十三巻、大月書店、六三三頁〕

(37) 主体性が「認識の対象」とはなりえないかぎりにおいて。

(38) この労働者にとって、反ユダヤ主義は「反省対象」、つまり「反省の対象」になる。

(39) 半盲症は、視野の一部を失うという特徴をもつ視覚障害である。原因となる損傷は厳密な意味で眼球上に存するのではなく、大脳の視覚中枢(後頭葉)に、すなわち視覚中枢を網膜に結びつける回路に存する。たとえば、右側の同名側面半盲の場合(最も多いケース)、患者は、視覚野の右半分で起こっていることを見ることができない。当事者は、半盲症について常にとても明瞭な意識をもっているわけではない。半盲症が引き起こす不自由は、頭を動かすだけで補われることができる。両側頭の半盲症のケースでは、病人は自分の正面しか見ることができない。あたかも銃口から見ているかのようである(『新版ラルース医学事典』、一九八一年による)。

(40) ミシェル・レリスのことであることが全体からわかる。

(41) 以下の引用は実践的‐惰性態の定義を明確にしてくれる。「この人間もあいかわらず欲求と実践と稀少性との人間ではある。けれども、たとい欲求(besoin)がこの人間の活動の基礎的な土台になっているにしても、この人間が物質によって支配されているかぎりは、彼の活動はもはや欲求から直接に出てくるものではない。すなわち、彼の活動は加工された物質によって外部から自動力のない対象の実践的な要求(exigence)として彼のうちにひきおこされるのである〔inerteはサルトルの『弁証法的理性批判』の文脈では「惰性的」と訳されるがここでは自動力がないという意味〕。あるいは、こう言ったほうがよければ、対象のほうがその人間を、ある種の行為を取ることを期待されている人間として指定するのである」(Jean-Paul Sartre, *Critique de la raison dialectique*[1960], Paris, Gallimard, 1985, p.296.〔前掲訳書、I、二二〇〜二二一頁〕)。

(42) *Ibid.*, pp.341-343.〔同訳書、I、二七七〜二七九頁〕

(43) *Ibid.*, pp.348-350.〔同訳書、I、二八四〜二八七頁〕

(44) 「鉄-石炭の組み合わせには〈普遍的〉といわれる機械が対応する。人はそれによって——一九世紀後半における旋盤のように——その働きは(半自動的あるいは自動的な専門的機械とは反対に)依然として未決定のままである機械、かつ、巧妙で熟練した労働者によって導かれ、調整され、制御されるならば、きわめて違ったいろいろの仕事をなし得る機械を意味する」(*Ibid.*, p.348.〔同訳書、I、二八四-二八五頁〕)。

(45) *Ibid.*, p.351.〔同訳書、I、二八八頁〕

ジャン=ポール・サルトルとの討議

(46) ルチオ・ロンバルド・ラーディチェ(一九一六〜一九八二年)。数学者、イタリア共産党中央委員会委員。

(47) 「意識は或るものをおのれから区別すると同時にこれに関係しもするが、この「関係すること」をよく用いられる表現で、或るものが意識にたいしてあると言ってもよく、そうしてこの関係ないし或るものの意識にたいする存在のひとつの特定の側面が知というものである。しかしながらわれわれはこの対他存在から自体存在〔即自存在〕を区別する。知に関係づけられるものは関係づけられると同時にまた知から区別もせられて、この関係のそとにもまた存在するものとして定立せられるのであるが、この自体という側面が真と呼ばれるところのものである。［……］しかしながらわれわれの探究する対象（問題）の本性がこのような分離を、と言うよりかむしろ分離と〔尺度の〕前提との外観を克服してくれる。いったい意識とはおのれ自身においておのれの尺度を与えるものであるから、探究すると言っても、意識がおのれ自身と比較することである。なぜと言って、今しがた立てられた区別は意識の内に属しているからである。ひとつのものがひとつの他のものにたいしてあるのは意識のうちにおいてのことであり、言いかえると、意識は一般に知の契機という限定を具えてはいるが、しかし同時に意識にとっては、この「他のもの」はただ単に意識にたいしてあるにとどまるのではなく、この関係の外に、言いかえると、自体的にもある、これが即ち真という契機である。だから意識がおのれの内部において自体ないし真なるものであると言明するところのものにおいて、われわれは意識が自分の知を測定するために自分で立てる尺度をもっていることになる」(G. W. F. Hegel, *La Phénoménologie de l'esprit*, trad. J. Hyppolite, Paris, Aubier, 1939, pp.72-73.〔『精神現象学』、金子武蔵訳、上巻、岩波書店、八五～八六頁〕)。

(48) ヴェルナー・ハイゼンベルク（一九〇一～一九七六年）。ドイツの物理学者。量子物理学の創設者のひとり。主観主義の問題およびここで取り上げられている主観主義の危機の問題は、有名な不確定性原理、すなわち、未決定の原理において明確になる。その原理によれば、比喩的表現しかできないが、核の周りの電子の速度と位置とを同時に認識することはできない。それは、計測が不正確であるからではない。『現代物理学の自然像（*La Nature dans la physique contemporaine*）』(conférences données en 1949, 1952 et 1953, réunies en 1958; édition française, Paris, Gallimard, 1962, rééd. Folio Essais, 2000)において、ハイゼンベルクは、反客観主義的、反決定論的教訓を引き出している。「自然科学はいつも人間を前提している。われわれは、ボーアが言ったように、われわれが劇場で観客であるばかりでなく、いつも共演者でもあることに気づかなければならないだろう」(尾崎辰之助訳、みすず書房、一九六五年、九頁)。

(49) アーサー・エディントン（一八八二～一九四四年）。イギリスの天体物理学者、『物理的世界の自然（*The Nature of the Physical World*）』（一九二八年）の著者。

(50) フランチェスコ・ヴァレンティーニ（一九二四年～）、哲学史家、『現代フランス哲学（*La filosofia francese contemporanea*）』（一九五八年）の著者。『現代政治思想（*Il pensiero politico contemporaneo*）』（一九七九年）や『ヘーゲル的解決法（*Soluzioni hegeliane*）』（二〇〇一年）も出している。

(51) «*La Transcendance de l'Ego* : esquisse d'une description phénoménologique», *Recherches philosophiques*, n°6, 1936-1937, pp.85-123, article rédité par Sylvie Le Bon sous ce même titre en 1966(Paris, Vrin), puis par Vincent de Coorbyter, *La Transcendance de l'Ego et autres*

textes phénoménologiques(Paris, Vrin, 2003).〔『自我の超越』、竹内芳郎訳、『哲学論文集』（人文書院）に所収〕

（52）「あらゆる人間存在は、彼が、存在を根拠づけるために、また同時に、それ自身の根拠であることによって偶然性から脱れ出るような即自すなわち宗教では神と名づけられている自己原因的存在を、構成するために、あえて自己を失うことを企てるという点では、一つの受難である。それゆえ、人間の受難は、キリストの受難の逆である。なぜなら、人間は、神を生れさせるために、人間としてのかぎりでは自己を失うからである。けれども、神の観念は矛盾している。われわれはむなしく自己を失う。人間は一つの無益な受難である」(Jean-Paul Sartre, *L'Être et le néant, op. cit.*, p.662〔『存在と無』、第三分冊、四〇五〜四〇六頁、ちくま学芸文庫Ⅲ、四六三頁〕)。

（53）「しかり、労働者はブルジョワのように生活することはできない。今日の社会組織のなかでは、労働者は最後まで給料生活者としての条件を甘受しなければならぬ。逃げ出す道は全然ない。これにたいして打つ手はないのだ。ところが人間は立木や石ころのように存在するものではない。彼はみずからを労働者たらしめねばならぬ。自分の階級、自分の賃金、自分の仕事の性質によって全面的に条件づけられ、自分の感情までも、自分の思想までも条件づけられていながら、自分の条件の意味、仲間の条件の意味を決定するものは彼である。みずからをあきらめた人間として選ぶか、革命家として選ぶかに従って、間断ない屈辱の未来かそれとも征服と勝利の未来を自由にプロレタリアに与えるものは彼である。そしてこの選択にたいしてこそ彼は責任があるのだ。選ばない自由を持つのではない。彼は参加している。賭けねばならぬ。棄権も一種の選択なのだ。だが彼は、自分の運命とあらゆる人間の運命と、そして人類に付与すべき価値とを一挙に選ぶために自由なのである。こうして彼は、一方においてプロレタリアに意味を与えつつ、みずからを労働者としてと、かつ同時に人間として選ぶ。これがわれわれの考えている人間、すなわち全的人間である。全的に縛られ、しかも全的に自由な人間。ところがこの自由な人間を、その持っている選択の可能範囲を広くすることによって解放しなければならないのである。ある種の状況では、二つに一つを選ぶほか余地のない場合がある。そして二つのうちの一方は死なのである。いついかなる場合でも、人間が生を選びうるようにしなければならぬ」(Jean-Paul Sartre, « Présentation des *Temps Modernes* », dans *Situations, II*, Paris, Gallimard, 1948, pp.27-28.〔『シチュアシオンII』、伊吹武彦訳、人文書院、二〇〜二一頁〕)。

（54）希少性について、とりわけ、ジャン＝ポール・サルトル『弁証法的理性批判』、I、二三四〜二六三頁を参照せよ。ヴァレンティーニのより正確な出典指示によれば、以下のようになる。「じっさい、各人および万人の物質にたいする包括的な関係としての希少性がけっきょく物質的周辺の客観的・社会的な構造となるのであり、それによって希少性は逆に自分の惰性的な指でもって各個人を希少性の要因にしてかつ犠牲者として指示するのである。そして各人は、彼がその諸行動によって自分を希少性の人間とするという意味で、この構造を内面化する」(Jean-Paul Sartre, *Critique de la raison dialectique*, p.243.〔『弁証法的理性批判』、I、一五二頁〕)。

(55) Maurice Merleau-Ponty, *Phénoménologie de la perception*(1945), Paris, Gallimard, 1957, pp.87-105.〔『知覚の現象学』、竹内芳郎・小木貞孝訳、みすず書房、一三四~一五九頁〕を見よ。

(56) F・ヴァレンティーニはここで、彼の前に発言したルチオ・コレッティの論点に言及しているのだが、コレッティの発言は、ここには収録しなかった。

(57) ガストン・フェッサール(一八九七~一九七八年)、イエズス会士。言及されている著作は、『聖イグナチオ・デ・ロヨラの「霊操」の弁証法(*La Dialectique des Exercices spirituels de Saint Ignace de Loyola*)』(Paris, Aubier, 1956)である。全三巻の第一巻で、第二巻は一九六四年、第三巻は一九八四年に、同出版社から刊行。

(58) Henri Lefebvre, *Logique formelle, logique dialectique*, Paris, Éditions sociales, 1947.〔『形式論理学と弁証法論理学』、中村秀吉・荒川幾男訳、合同出版、一九七五年〕

(59) チェーザレ・ルポリーニ(一九〇九~一九九三年)は、一九八四年までカリャリ、ピサ、フィレンツェで、哲学史を講じた。まず実存主義に向かい、次にマルクス主義に同調し、一九四三年から一九九一年までイタリア共産党に入っていた。一九五八年から一九六三年まで〔第一共和政〕第三期上院〔共和国元老院〕の、上院議員に選ばれる。イタリア共産党を左翼民主党に変えることに反対し、共産主義再建党に投票する。彼のマルクス主義は、歴史主義批判に基づいており、経済至上主義的なマルクス主義的教条主義を拒否。主著に『弁証法と唯物論(*Dialettico e materialismo*)』(一九七四年)。フランス語では、E・バリバール、C・ルポリーニ、A・トゼル、『マルクスと彼の政治批判(*Marx et sa critique de la politique*)』(パリ、F・マスペロ社、一九七九年)に所収の論考と、彼の論文、「マルクス主義と人間諸科学、人間についての批判的見方(Marxisme et sciences humaines, une vision critique de l'homme)」(『人間と社会(*L'Homme et la Société*)』、第一号、一九六六年に所収)を読むことができる。

(60) ジュゼッペ・セメラーリ(一九二二~一九九六年)は、フッサールからルカーチまでの現代哲学についての専門家、バーリ大学の哲学教授、哲学批評雑誌『パラディグミ』の編集長。著作は『関係としての哲学(*La filosofia come relazione*)』(一九六一年)ほか多数。また、サルトルとの関係では、共編著『ジャン゠ポール・サルトル、理論、著作、活動(*Jean-Paul Sartre, Teoria, Scrittura, impegno*)』(Vito

Carofiglio et Giuseppe Semerari, Bari, 1985)がある。

(61)『方法の問題』は偶然的事情から生れた作品である。そのためにいささか雑種的な性格をしている。問題がつねに間接的に論じられているように見えるのもまた同じ理由による。一九五七年の冬に、ポーランドの一雑誌が、フランス文化特集号を刊行することを決めた。その雑誌は読者に、わが国でもやはり〈わが精神的同朋〉と呼ばれているもののパノラマを提供しようと願っていた。多くの作家たちの協力が求められ、わたしは『一九五七年に於ける実存主義の立場』という主題を論ずるように申し入れを受けた。〔……〕やがて私はその文章を『レ・タン・モデルヌ』誌に再録したが、その際フランスの読者の要求に適応するようにとかなり手を加えた。今日発表するのはこの形のもとにおいてである。はじめは『実存主義とマルクス主義』と呼ばれたものが『方法の問題』という表題をもつことになった。しかも、結局、わたしが提起したのは、一つの問題である。すなわち、今日、われわれは構造的かつ歴史的な人間学を築き上げる手段を有するだろうか、というただ一つの問題である」(Jean-Paul Sartre, *Critique de la raison dialectique*, Paris, Gallimard, 1985, pp.13-14.〔『方法の問題』、五〜六頁〕)。

(62) おそらく、『実存主義はヒューマニズムである』(一九四六年)と『文学とは何か』(一九四七年)が混じってしまったのだろう。

(63) セメラーリは当然のことながら一九六〇年版から引用している。セメラーリが展開している議論の典拠をより明らかにするためには、たった一頁だけを引用するよりも、『弁証法的理性批判I』の序論の第一部〔A〕全体を参照したほうがよい(一九六〇年版の一一五〜一三五頁、一九八五年版の一三五〜一五九頁)〔邦訳、前掲書、七〜三九頁〕。

(64)「天空から地上へ下るドイツ哲学とはまったく逆に、ここでは地上から天空への上昇がおこなわれる。ということは、人間たちの語ること、想像すること、表象することから出発したり、また語られ思惟され、想像され、表象された人間たちから出発したりして、そこから生身の人間たちのところへ到達しようとするのではなくて、現実に活動している人間たちおよび彼らの現実的な生過程から出発して、その生過程のイデオロギー的反映と反響の展開をも明らかにするということである」(Karl Marx, *L'Idéologie allemande*, in *Œuvres III, Philosophie, op. cit.*, p.1056.〔『ドイツ・イデオロギー』、真下真一訳、国民文庫6、大月書店、五二頁、古在由重訳、岩波文庫、三二頁〕)。

(65) これは、フルシチョフが、一九五六年二月二十五日に、「個人崇拝とその帰結」に関して代議員のみを前にしておこなった演説を指している。フルシチョフは次のように断言した。スターリンによって発案された「人民の敵」という表現は、「いかなる仕方であれ、スターリンと意見を異にする人にたいして、革命的法秩序のいっさいの規範を無視した、最も過酷な弾圧を用いることを可能にした」。

(66) 一九八五年版ではこの注は二三頁にある〔『方法の問題』、一八～一九頁〕。ジャン・イポリットの著作『マルクスおよびヘーゲル研究(*Études sur Marx et Hegel*)』(一九五五年)を取り上げて、サルトルは、ヘーゲルを実存主義のほうへ引き寄せることは可能であり、ヘーゲルの汎論理主義は汎悲劇主義をともなう、と主張している。だが、「にもかかわらず、問題は、そこにはない」と続ける。すなわち、キルケゴールがヘーゲルのどこを非難しているかと言えば、「それは、生きられた体験の乗り越え不可能な不透明性を無視している、という点である」。したがって、キルケゴールにとって、人間がシニフィアン(意味づけるもの)であり、人間自身が意味を生み出すのであり、いかなる意味も人間を外部からねらうことはないのである。「人間は決してシニフィエ(意味づけられるもの)ではない(神によってさえも)」。

(67) ジョン・デューイ(一八五九～一九五二年)の業績を注の枠内で紹介することは、まったく意味をなさないであろう。彼は哲学的プラグマティズム(日常語としてのプラグマティズムと混同してはいけない)の著名な代表者である、と言うにとどめよう。彼はまた、アメリカ人の言葉づかいを尊重するなら、「直接行動主義者《アクティヴィスト》」でもある。二〇一〇年以降、幸いにも、彼の著作のうち二冊がフランスで文庫本化された。『公衆とその諸問題(*Le Public et ses problèmes*)』(traduction et présentation de Joëlle Zask〔植木豊訳、ハーベスト社〕)と、『経験としての芸術(*L'Art comme expérience*)』(traduction de G. A. Tinberghien, C. Mari, J. Piwnica, F. Gaspari, C. Domino, J.-P. Cometti et préface de S. Shusterman et St. Buettner dans la collection « Folio Essais » chez Gallimard〔栗田修訳、晃洋書房〕)。最初の紹介はジェラール・ドゥルダール『哲学はアメリカ的でありうるか? 国民性と普遍性(*La Philosohie peut-elle être américaine? Nationalité et universalité*)』(Paris, Jacques Grancher éditeur, 1995, pp.120-150.)。

(68) その注は一九八五年版では三七～三九頁ページにある。きわめて意味深い長大な注であり、『存在と無』において展開された意識論(主体論ではなく)の成果を要約したものである。サルトルは、その意識論に基づいて、われわれが非自然主義的と性格づけている唯物論を、『弁証法的理性批判』のなかで構築している。われわれはここでそうした唯物論の基本線を示しておく。「確実性は反省とともにはじめてあらわれるとする方法論的原理は、具体的人間をその物質性によって定義する人間学的原理といささかも矛盾するものではない。反省は、われわれにとっては、観念論的主観主義の単なる内在性に還元されるものではない。反省はそれがただちにわれわれを事物と人間のなか、世界内に、再び投げ返す場合にのみ出発点となる。今日価値をもち得る唯一の認識の理論とは、実験者が実験体系の部分をなす、という原子物理学のあの真理に基づいた認識理論である。これこそすべての観念論的幻想を遠ざけることを可能にし、現実世界のさ中に現実の人間を示す唯一の認識理論である(*op.cit.*, p.37.〔『方法の問題』、三九頁〕)。この唯物論的計画は、すでに『自我の超越』(一九三六年)の末尾で公言されていることを思い起こそう。

(69) グィード・ピオヴェーネ(一九〇七〜一九七四年)、作家、『コリエーレ・デラ・セーラ』紙および『ラ・スタンパ』紙のジャーナリスト。主著は『女性修練者からの手紙(*Lettere di una novizia*)』(一九四一年)と『イタリア旅行(*Viaggio in Italia*)』(一九五六年)。

(70) ピオヴェーネは、画家のレナート・グットゥーゾに向かって語っている。グットゥーゾはあとで発言している。

(71) George Strauss, *La Part du diable dans l'œuvre d'André Gide*, Paris, Lettres Modernes, 1985 (Archives des Lettres Modernes, vol. 219, Archives André Gide n°5)〔『アンドレ・ジッドの作品における悪魔の取り分』〕を参照。

(72) マリオ・アリカータ(一九一八〜一九六六年)は、イタリア共産党の重鎮、一九四〇年入党(当時は非合法)。同年に、学位論文『ヴィンチェンツォ・グラヴィーナと十八世紀初頭の美学(*Vincenzo Gravina e l'estetica del primo Settecento*)』で博士号を取得、ローマで反ファシズムのレジスタンス運動に参加、文芸批評のジャーナリストとして活動。党の指導者として、文化的問題に深い関心を寄せる。一九三七年から一九六六年までの彼の著作の完全目録は、R・マルティネリ/R・マイニ『知識人と政治活動(*Intellettuali e azione politica*)』(Roma, 1976, pp.463-503.)に掲載されている。

(73) ビアンキ・バンディネッリ(一九〇〇〜一九七五年)。考古学者、美術史家、古典芸術の専門家。シエナの貴族、戦後共産主義者になった反ファシズム主義者。フランス語で読めるものとして、『ヒトラーとムッソリーニとともに過ごした数日間(*Quelques jours avec Hitler et Mussolini*)』(Paris, Carnets-Nord, 2011)がある。これは一九三八年春、ムッソリーニ率いるイタリアにヒトラーが旅行をしたときの報告であり、一九四八年に公刊された『一ブルジョワの日記(*Dal diario di un borghese*)』の抄訳。バンディネッリは、ヒトラーとムッソリーニがローマやフィレンツェの美術館や記念建造物を見学する際のガイドとして動員された。

(74) つまり、観念論的な哲学者にして作家のベネデット・クローチェの理論的立場のうちに自分の姿を認める知識人のこと。

(75) イタリアの哲学者・批評家・歴史家ベネデット・クローチェ(一八六六〜一九五二年)は、二十世紀のイタリアの知識人にとって参照すべき対象である。注の枠組で紹介することはできないから、観念論の立場から強硬な歴史主義を唱えているということを指摘するにとどめる。主著に『表現の科学としての美学(*L'Esthétique comme science de l'expression*)』(一九〇二年)、『純粋概念の科学としての論理学(*La Logique comme science du concept pur*)』(一九〇九年)、『思考としての歴史と行動としての歴史(*L'Histoire comme pensée et*

(76) *comme action*)』(一九三八年)など。フランス語では、文庫本で『美学綱要(*Essais d'esthétique*)』(Paris, Gallimard, Tel, 1991)と、『十九世紀ヨーロッパ史(*Histoire de l'Europe au XIXe siècle*)』(Paris, Gallimard, Folio, Essais, 1994)を読むことができる。

(77) アルベール・チボーデ(一八七四～一九三六年)。『ギュスターヴ・フロベール(*Gustave Flaubert*)』(1922, édition revue et corrigée 1935〔戸田吉信訳、法政大学出版局〕)、現在は、ガリマール社、テル叢書(la collection Tel)に入っている。

(78) ナターシャ・ロストフは、『戦争と平和』の登場人物。

(79) ガルヴァノ・デラ・ヴォルペ(一八九五～一九六八年)。マルクス主義の哲学者、とりわけ厳密な意味での唯物論的な美学理論を展開することに関心を寄せる。その理論は、美的判断の形成における芸術作品の制作の社会的過程を強調し、また、芸術的創作の合理的価値を強調する。主著『趣味批判(*Critica del gusto*)』(一九六〇年)。

(80) テオドール・モムゼン(一八一七～一九〇三年)。『ローマ史(*Histoire romaine*)』(一八五四～一八八五年)〔杉山吉朗訳、文芸社、『ローマの歴史』I－IV、長谷川博隆訳、名古屋大学出版会〕。

(81) これはサルトルの声かもしれない。いずれにせよ、これは断固たるサルトル主義者の発言である。

(82) ロバート・ブラウニング(一八一二～一八八九年)。詩句の全体は、「こうして夜は更け、東は白んだ(*So wore night; the East was grey*)」で「別荘における夜曲」(詩集『男と女(*Men and Women*)』(一八四六年)〔『ブラウニング・男と女』、大庭千尋訳、国文社、一五〇頁〕に掲載)という詩の第五節の最初の詩句である。

(83) 逐語的には、«la nuit se consuma»となる。

(84) «La nuit passa».

(85) 言語学者ヴィルヘルム・フォン・フンボルト(一七六七～一八三五年)のこと。

(86) ジュリオ・ベルトーニ(一八七八～一九四二年)。言語学者。クローチェ的観念論の後継者を自認し、とりわけ、グラムシの師であったマテッオ・ジュリオ・バルトリ(一八七三～一九四六年)との共著で『新言語学入門(*Brevario di neolinguistica*)』(一九二五年)を出版した。そのことにより、グラムシは旧師〔バルトリ〕を批判することになる。

(87) レナート・グットゥーゾ(一九一一～一九八七年)、画家。彼は一九四〇年に非合法の共産党に入党し、反ファシスト抵抗運動に参加する。彼の「キリスト磔刑図(*Crocifissione*)」(一九四〇～一九四一年)は、ノヴェチェント〔一九二〇年代にイタリアのミラノで興った芸術運動」で最も重要な絵の一つと見なされている。

(87) *Distrusse*は*distruggere*(détruire)の単純過去である。

(88) *Squagliarsi*は比喩的な意味として、fondreあるいはpartirを意味する。

(89) ジャック・ドリール(一七三八〜一八一三年)。ウェルギリウスの『農耕詩』の翻訳者(一七七〇年)。彼の最も有名な詩は、四つの詩篇からなる『庭園すなわち風景を美しくする術(*Les Jardins ou l'Art d'embellir les paysages*)』(一七八二年)。生前は有名であったが、すぐに忘れられた詩人。

(90) 「冬の朝(*Matin d'hiver*)」という詩の最終行と思われる。出典をご教示くださったドリス・カヴァールに感謝します。

(91) ジャン゠ピエール・ヴィジエ(一九二〇〜二〇〇四年)。フランスの物理学者で政治活動家。一九四〇年から一九六九年までフランス共産党員、対独レジスタンス活動家、ヴェトナムへのアメリカの介入に反対し、ラッセル法廷の事務局長〔科学顧問〕となり、一九六八年五月〔五月革命〕に積極的に参加した。物理学者としては、彼は原子力庁の設立以来、F・ジョリオ・キュリーとともに働くが、後に国立科学研究センターに移り、ルイ・ド・ブロイの助手となる。決定論的、唯物論的立場を擁護。この文章の出典を見つけることはできなかったが、他のいくつかの典拠から、J゠P・ヴィジエの立論の精神が生きていると断言することができる。

(92) サルトルは、「太陽系は存在する(*être*)ために人間を必要としません」と言ったほうが整合的であったろう。ここまでおこなわれてきた区別に従うなら、現実的なものは存在の次元に属し、一方、客観的なものは実在の次元に属するからである〔サルトルは随所でêtre(存在する)とexister(実在・実存する)を区別しているが、たとえば、『文学とは何か』において次のように表現している。「実存主義の語彙を適用するならば、詩になった苦悩は、もはや実在し(*existe*)ないが、ある(*est*)のだ」(加藤周一訳、『シチュアシオン』II、五〇頁、強調はサルトル)〕。

(93) Jean-Paul Sartre, *Vérité et existence*, Paris, Gallimard, Essais, p.83.「[……]世界は人間的ではあるが、擬人観的ではない」〔澤田直訳、人文書院、九六〜九七頁〕。

(94) グラムシにとって、客観性は相互主体性を意味する。「『史的唯物論　マルクス主義的社会学入門書(*Manuel populaire*)』(N・ブハーリン、モスクワ、一九二一年)が非難されなければならないのは、それが、常識にたいする批判をとおして現われる主観主義的着想を提示したからであり、また、最も取るに足らない、最も無批判的な形式において、外的世界の客観的現実という着想を受け入れたからである。そればかりか、その『入門書』は、そうした形式に対抗して、神秘主義にたいして反論を唱えようと思ってもみなかったからである。じっさいには反論はなされた。困ったことに、そうした着想を分析してみても、結局、そのように機械論的に理解された外的客観性の立場を正当化することは、必ずしも容易なことではない。超理論的かつ超人間的客観性が存在しているということがありうると思えるか。だが、そのような客観性について誰が判断するのか。〔……〕まさに未知の神についてのブハーリンの神秘的着想における、神の概念の残滓が問題である、と主張することは大いに可能である。〔……〕客観的なものは常に「人間的に客観的なもの」を意味する。そのことは「歴史的に主体的なもの」とぴったり対応する。換言すれば、「客観的なもの」は「主体的普遍」を意味するであろう。認識が、単一の文化体系のなかで歴史的に統一されている全人類にとって、現実的であるかぎり、人間は、客観的に認識する。だが、この歴史的統一化の過程は、人間社会を切り裂く内的矛盾が消えるときに到来する〔……〕」(Antonio Gramsci, *Textes*(1917-1934), site de l'UQAC « Les classiques des sciences sociales »〔ＵＱＡＣ(ケベック大学シクチミ校)のウェブサイト、社会科学の古典：http://classiques.uqac.ca〕, pp.96-97.)。

　アントニオ・グラムシ(一八九一〜一九三七年)は、イタリアの共産主義の指導者にして思想家。イタリア共産党の設立に参加、一九二五年にイタリア共産党の書記長となる。一九二六年から三七年までムッソリーニ体制下で投獄される。釈放された数日後に死去。囚われていた十一年のあいだに、『獄中ノート』を執筆。グラムシの理論を注の枠で紹介することは不可能である。彼が、とりわけエンゲルス執筆部分に見られる唯物論に関する客観主義的かつ自然主義的解釈に異議を唱え、実践の哲学を展開したことを指摘するにとどめよう。この「実践の哲学」という表現に言及するだけで、理論的かつ政治的関心から、グラムシの立論とサルトルの立論とを体系的に比較分析する可能性が見てとれよう。フランス語で読めるグラムシの著作は以下のとおり。『政治論文集』(édition de Robert Paris, chez Gallimard, *Écrits politiques*, de 1914 à 1926, en trois volumes, à partir de 1978)〔『グラムシ政治論文集(全三巻)』、河野穣他訳、五月社〕)。『獄中ノート』(édition de Robert Paris, chez Gallimard, *Cahiers de prison*, chahiers de 1 à 29, en cinq volumes, à partir de 1978)〔『グラムシ獄中ノート』、石堂清倫訳、三一書房〕)。『テクストにおけるグラムシ』(édition de François Ricci, en collaboration avec Jean Bramant, *Gramsci dans le texte*, traduction de J. Bramant, G.Moget, A.Monjo et F. Ricci, Paris, Éditions sociales, 1975)。これらのテクストのいくつかは、ＵＱＡＣ〔ケベック大学シクチミ校〕のウェブサイト « Les classique des sciences sociales »〔社会科学の古典：http://classiques.uqac.ca〕で読むことができる。

❖訳注

意識と主体性

＊1　マルク・ラザール(Marc Lazar)は一九五二年生まれ。フランスの政治史・政治社会学者。イタリアの極左および政治状況についての専門家。パリ政治学院教授。

＊2　本書には主体性＝主観性(subjectivité)をはじめ、主体＝主観(sujet)、客体＝客観(objet)、およびその派生語が頻出する。日本語では主体と主観が訳し分けられるが、本講演でのサルトルの用法は、両者が一体となっている場合が多い。したがって、本来であれば主体＝主観性とでも表記したいところだが、煩瑣になるので、それはしなかった。

＊3　バタイユを思わせる用語〈非－知〉を、サルトルは違う意味で用いている。それは、初期論文「自我の超越」以来の意識の構造に由来する。つまり、意識は何ものかについての措定的意識であり、必ずしも自らについての措定的意識ではない。非措定的である意識が、反省作用によって知られるというのが、その考えの骨子である。その意味で、本講演で展開されるように、非－知とは、意識されない何か、より正確に言えば、認識の構造上、それを逃れてしまうような知のことである。この語は『倫理学ノート』その他でも用いられるが、これほど本格的に用いられている例は他のサルトルのテクストにはない。
〈なるべきである〉は、もともとハイデガーの用語Zu-seinの訳語から、サルトルが独自の意味を与えたものであるから、「存在しなければならない」と訳すこともできよう。『存在と時間』第九節(S.42)では、「この存在者の「本質」は、それが存在しなければならないということのうちにある」(熊野純彦訳、岩波文庫)とされている。本質としてではなく、まさに「あらねばならない」ということである。人間にはあらかじめ決まった本質はない、とするサルトルの立場からすれば、階級意識をはじめ、それ自身は存在ではなく、存在をめざされるものである。avoir à は「～すべき」「～するための」を意味する表現。

＊4　反自然という言葉でカイルが参照しているのは、以下の書で展開されるクレマン・ロセの考えであるらしい(Clément Rosset, *L'Anti-nature : éléments pour une philosophie tragique*, Paris, Presses Universitaires de France, 1973.)。そこでは自然と物質を区別することの重要性が述べられている。物質は人間の存在から独立的に存在するもの、そこに何らかの秩序が見出されるものが自然だとされる。その意味で自然natureと人間本性nature humaineは連続的である、と考えられる。

＊5　ティボール・サボ(Tibor Szabó)は一九四五年生まれ、ハンガリーの哲学研究・文学者。パヴェーゼ、グラムシについての学位論文のほか、同国人であるルカーチへの研究がある。本ローマ講演の重要性に最初に着目した人物。

＊6　ルカーチは『歴史と階級意識』の第三章「階級意識」の冒頭にまさにこのくだりを銘として引いている。

＊7　原語はfondである。サルトルはここで「土台(base)」とほぼ同義で用いているように思われるが、この言葉はゲシュタルト心理学では「図(figure)」と「地(fond)」、フッサール現象学における「Boden(基底)」の意味も含まれている。

＊8　実践(praxis)は『弁証法的理性批判』においては、人間の自由に基づく行為を意味する。個人的実践のみならず、集団的実践もあるが、どちらの場合もある目的を目指し、物質世界に対して働きかけることを意味する。その意味で、実践とはひとつの全体化であり、投企によって立てられた目的へと向かって世界を超越することである。

＊9　existenceは通常、サルトルのテクストでは「実存」と訳されるが、ヘーゲルやマルクスのテクストの仏訳におけるexistenceは「実在」にあたることが多い。言葉は同じだが、概念としては異なる。

＊10　欲求とは、個人的実践の水準で、人間から物へとなされる要請のことであり、それはまた有機体としての人間が生命維持のために必要とするものとの関係である。それに対して、加工された物質の水準での物から人間への要請が「要求(exigence)」と呼ばれる。

＊11　訳註＊13を参照されたい。

＊12　ここでいう「超越的なもの(transcendance)」は、むろん「神」などの超越者ではなく、自己に内在しないあらゆる存在のことと解されるべきだろう。

＊13　この表現は、サルトルが「フッサールの現象学の根本的理念——志向性」(『シチュアシオンI』所収)で意識のあり方を示すために用いた表現である。

＊13　人間の労働によってできあがった事物、サルトルの表現を用いれば「加工された物質(matière ouvrée)」は、他者性における実践を吸

収しており、固有の要請を人間にたいして求める。たとえば、金槌という道具は、それが作られた目的のために固有の特性を備えていて、金槌を自由に使おうとする者にたいして、その特性により強制力をもつ。ちなみに、惰性は、惰性的‐実践態(pratico-inerte)の場合と同様、「外力が働かなければ、その運動状態を保つ」という物体の性質、慣性の意味である。

*14 Pierre Morhange(一九〇一～七二)のことだろうか(ただし、テクストではMorangeと綴られている)。ユダヤ系の家庭に生まれたフランスの哲学者、作家、詩人。アンリ・ルフェーブルと雑誌「哲学」を創刊。シュルレアリスム運動にも参加。若くして共産党に入党したが、戦後には離党しているので、この時点では正確には共産党員ではない。

*15 スタンダールは、サルトルが最も好んだ作家。「もし愛という言葉が二人の間で発せられるのなら、私はおしまいだ」の例は、サルトルのお気に入りで、ほとんど同じ表現で『文学とは何か』(加藤周一ほか訳、人文書院、改訳新装版、一九九八年、三〇頁)やユネスコでの講演「作家の責任」(一九四六年)でも引かれているが、どれも正確な引用ではない。『文学とは何か』では、ファブリスとサンセヴェーリナを運ぶ箱馬車を前にして、モスカ伯爵が「もし愛の一語が二人の間にあらわれたら、私はおしまいだ」とつぶやく場面が出てくる(加藤周一訳、『シチュアシオン』II、五九頁)。スタンダールのテクストは、嫉妬に駆られる伯爵が、部屋で話し合っている二人を眺めながら、思いをめぐらせる場面(第一巻第七章)「落ち着かねばならぬ。乱暴な態度を見せると、虚栄心を傷つけられただけでも、公爵夫人は彼といっしょにベルジラーテへ行ってしまうかもしれない。そして向こうで、いや旅の途中で、偶然一つの言葉がお互いに感じていることに名を与えるなら、万事おしまいだ」(大岡昇平訳、新潮文庫、上一八〇頁)。

*16 半盲症についてはメルロ＝ポンティ『行動の構造』(原書四一頁以下、邦訳七二頁以下)に詳細な記述があり、編者は指摘していないが、サルトルもこの箇所を念頭に置いていると思われる。網膜における器質的な欠損は機能の欠陥をもたらすのではない。主体は器質的な欠損から発して機能を再組織化し、その際にはある完全な、しかし健常なものとは異なるかたちでの組織化がおこなわれるとする主張は同じである。

*17 このエピソードをボーヴォワールは次のように語っている。「私たちは誌名を探した。シュルレアリストだった青年時代のスキャンダル趣味を失わずにいたレリスは『騒動』という穏やかならざる標題を提案した。それは採用されなかった。なぜなら私たちはたしかに波乱を起こしたいとは思っていたけれども、同時にまた建設することも望んでいたからだ。」(『或る戦後』上、二〇頁)。ただし、「騒動」というタイトルそのものは、レリスの発案ではなく、自殺したダダイスト、ジャック・リゴー(一八九九～一九二九年)のもの。

ブルトンは次のように書いている、「ジャック・リゴーの文学的野心は、その題名からしてすでに充分内容の察せられる、「騒動」という名の新聞を起こすことにかぎられていた」(『黒いユーモア選集2』滝田文彦訳、河出文庫、二六一頁)。

*18 ルイ・アラゴン(Louis Aragon)は一八九七〜一九八二年、フランスの小説家、詩人、批評家。ダダイズム、シュルレアリスム運動に参加したが、その後袂を分かち、共産党員となり、共産主義的文学を展開。なぜConcordeなのかは不明だが、この言葉は、大文字では、神話や寓意で「和合の女神」を意味する。

*19 ミシェル・レリスの自伝『ゲームの規則』などのことであろう。

*20 サルトルは一九二〇年としているが、正確には後でサルトルも述べるように、一九二五年(七月二日)に起こったシュルレアリスムのよく知られた出来事。モンパルナスにあるクロズリー・デ・リラで行なわれた「サン゠ポル・ルーの祝賀会」で、参加者のひとりで熱狂的愛国者であるラシルド夫人の発言によって、「騒動」が起こった。この伝説的な「騒動」の際に、レリスは窓から「くたばれフランス!」と叫んで、歩道に集まっていた群衆にリンチされそうになった。レリス自身『成熟の年齢』でこの事件を語っているほか、本人から聞いた話として、ボーヴォワールが『女ざかり』でも紹介している。

*21 『レ・タン・モデルヌ』誌は、アルジェリア戦争が勃発して以来、この問題についての多くの論文を掲載した。

*22 『弁証法的理性批判』において、サルトルは、「階級意識」よりも「階級存在」という言葉を用いており、階級の基本構造は、物質性としての「社会的かつ集合的存在」とされる。

*23 サルトルはこの挿話を『言葉』で語っている。

*24 実践的゠惰性態(pratico-inerte)は『弁証法的理性批判』におけるサルトルの新造語。人間の実践によって始まったものがもつ物質的側面、あるいは物質的に惰性化した実践を意味する。実践的゠惰性態は、弁証法的展開における「反弁証法的契機」だとされる。

ジャン゠ポール・サルトルとの討議

*25 ルイ・ド・ブロイ(Louis de Broglie)は一八九二〜一九八七年、フランスの理論物理学者。仮説として提唱したド・ブロイ波(物質波)

は、後にシュレディンガーによる波動方程式として確実となり、量子力学の礎となった。

＊26 存在の開け(ouverture à l'être)は「開性」や「開放性」と訳されることもある。ハイデガーは、『カントと形而上学の問題』や講義『形而上学の根本諸概念』において、「人間の内の現存在」という言い方をして、「現存在」が存在者としての人間ではなく、そこにおける「存在の開け」Offenheit zum Seinだとしている。サルトルはメルロ＝ポンティの追悼文でも、これに言及している。

＊27 アンリ・ルフェーブル(Henri Lefebvre)は一九〇一〜一九九一年、フランスのマルクス主義社会学者、哲学者。一九五〇年代になると、正統派マルクス主義から一線を画し、スターリン主義批判を展開、一九五八年にフランス共産党から除名された。数多くの著作が邦訳されている。

＊28 『弁証法的理性批判』でサルトルは、レヴィ＝ストロースを十箇所ほどで参照しており、なかには数頁にわたる部分もある。本講演の翌年の一九六二年に上梓された『野生の思考』の最終章で展開された『弁証法的理性批判』に対する批判をきっかけにサルトル・レヴィ＝ストロース論争が起こったことはよく知られているとおりである。

＊29 希少性(rareté)は『弁証法的理性批判』の鍵概念。天然資源や人工製品が、人間全員には行き渡るためには十分ではないという、構造的な不足のことを言う。人間が物資や社会環境ともつ関係の根本にある構造。元来は古典経済学で用いられた概念だが、サルトルはそこに独自の意味を込めている。。

＊30 フィリップ・アリエス(Philippe Ariès)は一九一四〜一九八四年、フランスの歴史家。家族や子どもの研究で新境地を開いた。

＊31 この部分は、「構造歴史人類学」と訳すこともできる。

＊32 「包摂の全体化」(totalisation d'enveloppement)は「包み込みの全体化」とも訳される。とりわけ遺稿である『弁証法的理性批判』第二巻の後半に出てくる言葉。〈歴史〉の可知性というサルトルの問題設定そのものにかかわる概念。すなわち、状況の要求と個人の案出とそれら相互の包み込みによって歴史的過程は進行する、という考え方。

＊33 officier de santéとは、フランスで一八〇三〜九二年のあいだ許可されていた学位をもたない医師。小説中、シャルル・ボヴァリーは学業が奮わず、免許医にとどまったという設定。

＊34 カジミェシュ・ブランディス(Kazimierz Brandys)は一九一六〜二〇〇〇年、ポーランドのユダヤ系作家。第二次大戦後、共産党に入党、いわゆる社会主義小説を多く発表した。しかし、一九五六年、ソ連におけるフルシチョフによるスターリン批判の余波を受け、

ポーランドでもポズナニで労働者の暴動が起こり、これをきっかけに指導部が代わり自由化が進むと、それまでの作風を捨て、過去の体制を批判する作品を発表した。『クルル家の母』は、母であるウィア・クルル、その四人の息子、共産党闘士ヴィクトラ・レヴェナを主な登場人物としてスターリン時代のポーランドを描いている。ちなみに、サルトルは、ポズナニ事件の後、すぐに『レ・タン・モデルヌ』誌(一九五七年二～三月号)で、「ポーランド社会主義」特集を組んでおり、ポーランドの文学にも通じていた。また、『方法の問題』は、はじめポーランドの雑誌に発表されたものである。

*35 遡行的(régressive)かつ前進的(progressive)とは、サルトルが『方法の問題』第三章で提唱した方法で、弁証法的・批判的経験の全体を形成する二つのアプローチ。遡行的は、実存主義に固有のもので、個人の実存に関して、過去へと遡行しながら、分析的な仕方で全体化を行なうことで社会学的知を基礎づけるもの。前進的は、元来はマルクスの方法であり、綜合的で、諸条件を乗り越えようとする主体の投企を、過去から未来へと捉えることで、歴史学的知を基礎づけるもの。この二つの方法が『弁証法的理性批判』と『家の馬鹿息子』の基本的なスタンスとなっている。

*36 ゲオルグ・プレハーノフ(Georgij Plekhanow)は一八五六～一九一八年、ロシアの社会主義者。ロシア・マルクス主義の父と称される。プレハーノフの「シニフィエ」が具体的に何を示しているのかは未詳。

*37 ルイジ・ピランデルロ(Luigi Pirandello)は一八六七～一九三六年、イタリアを代表する劇作家・小説家・詩人。

*38 ソシュールはおそらく主体性について明示的に語ることはなかったと思われる。ここでは、それぞれの言語が自律的システムであるがゆえに、諸言語にはそれぞれ独自性があり、外的事実は一つでも、言語で表現される場合には諸言語で異なる表現になる、という趣旨ではなかろうか。ちなみに、バンヴェニストは、「ことばにおける主体性について」という論文を書いており、サルトルの念頭にあるのは、そのようなことかもしれない。

*39 エルザ・トリオレ(Elsa Triolet)は一八九〇～一九七〇年、ロシア系フランス人作家。前出のルイ・アラゴンの伴侶。多くの小説を発表したほか、翻訳にも従事。実姉リーリャ・ブリークがマヤコフスキーの愛人であり、個人的にも交友があった。

*40 アルフォンス・ド・ラマルティーヌ(Alphonse de Lamartine)は一七九〇～一八六九年、フランスの詩人・政治家。ロマン派の代表的詩人、フランス近代抒情詩の祖と目され、象徴派に大きな影響を与えたとされる。

*41 バタイユは『内的経験』で、バターと馬を結びつけることでこれまでにないイメージが生み出せることを語っている(ジョルジュ・

バタイユ『内的体験——無神学大全』(出口裕弘訳、一九八八年、平凡社ライブラリー、三〇九頁)。この例は、サルトルがシュルレアリスムについてしばしば持ち出すもので、『文学とは何か』でも挙げている(前掲訳書、二〇頁)。

*42 レチフ・ド・ラ・ブルトンヌ(Restif de La Bretonne)は一七三四〜一八〇六年、フランスの作家。フランス革命前後の民衆の姿を描いた作品や、自伝的作品など数多く執筆。克明で大胆な性描写のために、長い間、危険な好色文学作家と見なされてきた。ここで『回想録』とサルトルが言っているのは、一七七一年の *Les Nouveaux Mémoires d'un homme de qualité*(『高貴な男の新回想録』)を示すというよりは、一連の自伝的作品のことかと思われる。ちなみに、レチフは「靴フェチシズム」の典型であった。

*43 ボードレールに関して、サルトルは評伝を著わしており、そこで母親との関係を詳細に分析している。

*44 「今日、倫理は不可能である」という表現は『聖ジュネ』にも出てくる(白井浩司・平井啓之訳、新潮文庫、一九七一年、二二六、二三四頁)。

訳者解説

澤田　直

本書は、ジャン＝ポール・サルトルが一九六一年十二月十二日にローマで行なった講演および、それに続く討論会をミシェル・カイルとラウル・キルヒマイヤーが編纂した *Qu'est-ce que la subjectivité ?* の全訳である。テクストが公表された経緯については、編者序文に記されているが、事実関係も含め、今もなお明確になっていないことも多く、編者の説明にもやや省略的な部分があるので、若干わかりにくい部分があるかもしれない。また、本書を手にされる方のなかにはサルトルの思想と生涯に詳しくない方も少なからずいるかと思う。そこで、本講演をめぐる事実関係を――もちろん、すべて正確に把握しているわけではないが――読者の便宜と心覚えのために少し補足しておくことにしたい。

❖サルトルとイタリア

最愛の国イタリア

講演が行なわれることになった経緯について、ボーヴォワールは、一九六一年夏のローマ滞在中の出来事として次のように回想している。

「私たちはトラステーヴェレ〔ローマの一地区〕でアリカータとバンディネッリと夕食をとった。バンディネッリは四六年のときと同じように感じがよかった。グラムシ研究所が来春、イタリアのマルクス主義者たちとサルトルとの討論会を開催し、主体性と、資本主義陣営の新しい戦術がフランスおよびイタリアで引きおこしている諸問題を主題にしたい、という話が出た[1]」

ここで、来春とされている計画が、前倒しされて、十二月に実現したわけだ。第二次世界大戦後、サルトルは、イタリアの共産党系知識人たちと継続的に交流してきたが、その発端は四六年のイタリア滞在である。サルトルとボーヴォワールは、六月に彼らのイタリアでの版元であるボンピアーニの招待を受け、ミラノに赴き、講演を行なった後、ヴェネツィア、ローマを訪れ、二ヶ月ほどイタリアに滞在した。その間、各地で歓迎を受けるとともに、エリオ・ヴィトリーニ、アルベルト・モラヴィア、カルロ・レヴィなどの小説家や、本書の討論会にも登場する画家レナート・グットゥーゾの知遇を得たのだった[2]。その後も、サルトルはしばしばこの地を訪れたのみならず、五三年から晩年まで（一九六〇年をのぞけば）夏の休暇を必ずローマで過ごしていた（「私たちはあらゆる国のなかでイタリアを、イタリアのあらゆる街のなかでローマを愛していた」[3]というボーヴォワールの言葉は誇張ではない）。そのため友人も多く、先に挙げた以外にも、映画監督ではヴィットリオ・デ・シーカやジッロ・ポンテコルヴォなど多様な分野で幅広い交友があった。

サルトル自身のイタリアへの傾倒は、じつは戦前に遡る。はじめてヴェネツィアを訪れたのは一九三三年夏、その後、三六年夏には、ヴェネツィア、ナポリ、ローマを訪れ、ナポリを舞台にした「異郷にて」という短篇を書いている[4]。さらには、五〇年はじめには、自らのイタリア体験を基に、ヴェネツィアやナポリに関する文明論的なエッセー小説『アルブマルル女王 あるいは最後のツーリスト』を構想[5]。このテクストは最終的には放棄されてしまったが、その一部は「ヴェネツィア、我が窓から」として発表された[6]。その一方で、一九四七年には自らの主宰する『レ・タン・モデルヌ』誌（八～九月、二三・二四合併号）で二〇〇頁に及ぶイタリア特集を組んでいる。そこにはグラムシやモラヴィアと並んで、本討論会で発言しているロンバルド・ラーディチェの論考「イタリアの指導階級」なども掲載されている。このように、まずはイタリアへの圧倒的な共感があり、それにイタリアの多くの左翼系知識人との交友が重なるかたちで、一九六一年、六四年と二度にわたってローマで講演が行なわれたのである。

イタリアのコミュニスト

五〇年代半ば以降、フランスやソ連の共産党に完全に幻滅したサルトルだったが[7]、イタリアの共産党はその後も別格扱いで、交流は続いていた。イタリア人たちの人間味溢れる共産主義に関しては、六四年、イタリア共産党の指導者パルミーロ・トリアッティの死の翌日に書かれた追悼文にはっきりと表われている。「グラムシとトリアッティからきたこの分析と総合の精神のために、イタリア共産党は単に労働者の党であるだけではなく、またインテリゲンチアの党でもありません。これはすべての党の中で、最も知的な党なのです[8]」。この追悼文には、アリカータやグットーゾと会食した思い出なども語られているが、もともと戦後すぐの段階から、サルトルはフランス共産党とは折り合いがよくなかったのであり、四六年イタリア滞在のときに、彼らの暖かさに強い感動を受けたということであろう。じっさい、ボーヴォワールとサルトルは次のように証言している。「当時私たちは仏・伊両国の共産党のあいだに認められる相違を十分に理解していなかった。それでもフランスの連中の敵意を寂しく思っていた私たちは、イタリアの人たちの友情に喜んで甘えたし、その喜びは十六年後の現在まで、一度としてあざむかれなかったのである[9]」。これらのテクストからも読み取れるように、サルトルは、討論会の参加者たちとは以前から親しく交際してきたのであり、お互いの立場に隔たりこそあるものの、討議がきわめて和やかな雰囲気のなかで進んでいくのはそのためであったろう。また、だからこそ、グラムシ研究所は、六四年にも再度サルトルを招待して、今度は「倫理と社会」と題するシンポジウムを行なうのである[10]。

編者序文を読むと、この講演会はサルトル単独のもののような印象を受けるが、正確に言えば、少々趣きが異なるものだった。じつは、グラムシ研究所とコミュニスム系の三雑誌（Aut-Aut, Società, Il pensiero critico）の共同主催によって行なわれたシンポジウムは、「主体性の問題」と題するものであり、エンゾー・パーチ（Aut-Aut の創設者にして編集主幹）、サルトル、ルポリーニの三人が講演を行ない[11]、その後、二日にわたって討論が行なわれたのである（関連の記録はローマのグラムシ研究所のアーカイヴに保管されている[12]）。したがって、討論に関しても、サルトルがメインであるとしても、その講演だけをもとに行なわれたのではなく、パーチやルポリーニの講演への言及も少なからずあったはずである。その意味で、たとえサルトルが突出した講演者だったにしろ（知名度から言っても、それは間違いないが）、ここに収録されたのが、全体の一部であることは心の片隅に留めておくべきであろう。ところで、講演が行なわれた一九六一年とは、サルトルにとって、そして世界にとってどんな年だったのか。前年からの動きを追っておこう。

❖六〇年代初めの世界とサルトル

ソ連とは別のコミュニスムを求めて

サルトルにとって六〇年はまさに節目の年であった。本人にとって最も重要な出来事が『弁証法的理性批判』の刊行であることは言うまでもない。後期サルトル哲学を代表するこの本は、一九五七年に発表された『方法の問題』を出発点としているが、実存主義とマルクス主義が相互補完的なありかたで両立することを主張したものであった。具体的に言えば、科学的を標榜するマルクス主義の弁証法的唯物論に対して、サルトルはより主体的な史的唯物論を提唱したのである。したがって、この本を読んだイタリアのマルクス主義者たちが、主体性を主題にサルトルに討議を提案したのはきわめて自然な流れだったと言える。

「マルクス主義は乗り越え不可能な地平である」という、しばしば引用される言葉に端的に表現されているように、この時期のサルトルは、一方でソ連やフランスの共産党とは距離を置きながらも、あらゆる社会主義国との関係が絶ち切られていたわけではない。いや、それどころか、サルトルは一九六〇年二月から三月にかけてはキューバを訪問し、カストロやチェ・ゲバラと会見し、五月にはユーゴスラヴィア作家会議に招かれ数日ベルグラードに滞在してチトーと会い、八月から十月はブラジルへ赴き、その帰路、月末からは数日間キューバを再訪するなど、世界各地を飛び回り、革命の可能性や実態を見聞するとともに、それらについて縦横に語っていたのである。多くのインタビューが雑誌などに発表されただけでなく、キューバでの見聞をできるだけ広く発信しようと考えたサルトルは、六月から七月にかけて一般日刊紙「フランス・ソワール」に「砂糖に吹く嵐」と題する一連の記事（全一六本）を寄稿した[13]。そのなかで、自らのキューバ滞在を語るに留まらず、カストロ以前、カストロ以後で何が変わったのかを熱く語るとともに、経済や社会状況を分析、さらにはカストロやチェ・ゲバラとの会談だけでなく、一般市民との交流から感じたキューバの状況を紹介したりしている。

アルジェリア戦争

しかし、当時のサルトルの関心を最も強く惹いていたのは、植民地問題、とりわけ五四年に始まったアルジェリア戦争である。一九六〇年、フランスはアフリカの植民地の多くに独立を承認したが、早くから独立を強く求め、闘争を続けてきたアルジェリアにたいしては頑強に独立を拒み、独立闘争はすぐに苛酷な戦争状態へと発展し、その状態は長期化していた。サルトルと『レ・タン・モデルヌ』誌は、当初からアルジェリア独立を支持した。そんななか、二月二十四日には、アルジェリア民族解放戦線（FLN）を支援すると同時に、フランス兵士の脱走も助ける地下組織が摘発され、関係者二〇名が逮捕された。この通称「ジャンソン機関」をまとめていたのが、ほかでもない、サルトルの一番弟子と見なされていたフランシス・ジャンソンであった。この摘発を免れ、辛くも国外逃亡したジャンソンを擁護するために、サルトルはその後の裁判で、彼らの行動の正当性を主張する証言をするなど、一貫してアルジェリア独立を支持する側に立ったのみならず、共産党も含め、左翼がアルジェリア戦争にたいして行動を起こさないことを厳しく批判した。こうして六月十日から三日間にわたって開催されたアルジェリアの平和のための全国会議に出席したほか、その後、ブランショらが中心となって起草された「アルジェリア戦争における不服従の権利の宣言」（一二一人宣言）にも署名している。

一方、フランス政府は七月になると「アルジェリア平和計画」を発表したが、その内容はアルジェリアで戦う軍人と植民者たちの反発を買うものであり、十一月にはアルジェリアで植民者たちが反ド・ゴール暴動を起こすなど、アルジェリアはもとより、フランス国内も日増しに騒然とした状態になっていった。このような状況下で、一九六一年一月にフランス本土ではアルジェリア独立をめぐる国民投票が行なわれ、その結果七五パーセントがアルジェリアの民族自決を、つまりはド・ゴールの提案する植民地独立政策を支持した。このころ、極右秘密軍事組織（ＯＡＳ）が結成され、パリでもテロが激化するようになり、アルジェリア問題に関するサルトルの立場に苛立った在郷軍人たちが「サルトルを銃殺にしろ」と叫ぶデモを行なっただけでなく、七月十九日にはＯＡＳによってボナパルト街のサルトル宅がプラスチック爆弾で攻撃されるなど、サルトルの生活もまたまさに渦中にあった。だが、それに怯《ひる》むこともなくさまざまな集会に赴き、多くの知識人たちと連携して示威活動を展開していた。サルトルがローマを訪れ、グラムシ研究所主催の講演討論会に臨んだのは、このような超人的なスケジュールの合間を縫ってのことだった。じっさい、午前中に討論会があった十三日の五時からは、アルジェリアの指導者ブーラルーフも参加した、イタリア反植民地委員会の主催の集会で、「フランスの民主主義とアルジェリア問題（Democrazia francese e problema algeriano）」と題する講演を行なっている[14]。そして、十二月十九日、パリに戻るとすぐに反ＯＡＳの集会に参加したのだった。

喪の作業としての政治の確認

その一方で、六〇年から六一年はサルトルにとって、いわば「喪の年」でもあった。年来の友人、知人が相次いで死去し、また旧友や新しい友人を記念するテクストを相次いで書くことになったからだ。まず六〇年一月にカミュが自動車事故で死亡した。歴史観と政治的立場の違いから決裂したカミュにたいして、サルトルは悔恨に彩られた心のこもった一文を草し、かつて熾烈な論争の場となった『レ・タン・モデルヌ』誌に発表した。六一年五月にはメルロ＝ポンティが急逝した。長年にわたり雑誌を共同で運営しただけでなく、実存主義の哲学者としてさまざまな分野で共闘してきた二人だったが、朝鮮戦争以来、メルロ＝ポンティはマルクス主義に幻滅し、反比例するようにマルクス主義に接近していくサルトルとの政治的な立場は広がり、二人は訣別した。メルロは雑誌を去ったばかりでなく、一九五五年「サルトルとウルトラ・ボルシェヴィズム」（『弁証法の冒険』所収）で、サルトル思想を精緻に分析しながら徹底的に批判した。

この苦々しくも記憶に新しい事件のために、追悼文の執筆は困難をきわめたらしい[15]。厳しい相剋関係ゆえに、自らの立場を擁護することなしには、友人について語ることができなかったためだろう。なんとか書き上げられ、『レ・タン・モデルヌ』誌の特集号に掲載された長文の「生けるメルロ゠ポンティ」は、青年期からの自分の思想の形成発展とメルロのそれとをパラレルに描く、なかば自伝的なものとなった。

自己の青春の回想と言えば、早世した級友ポール・ニザンのために書かれた『アデン・アラビア』の序文にも同様の要素が見られる。高校の同級生であったニザンは早熟の天才であり、サルトルに先だって作家としてデビューし、政治的にもサルトルの先を行っていたが、戦時中に独ソ不可侵条約を批判したために、死後もフランス共産党によって社会的に抹殺されていた。サルトルは、出版社からの慫慂を受け、親友の文学的、社会的、政治的復権のために長文の序文を執筆したのだった。

これらの系列に、六一年十月に刊行されたフランツ・ファノンの『地に呪われたる者』のための序文も加えることができるだろう。白血病で余命幾ばくもなかったファノンとサルトルが初めて会ったのが、六一年の夏のローマだった。二人が身を削るようにして長時間にわたって議論したことは、ボーヴォワールの回想録に活写され、つとに知られているが、この序文に他の追悼文とは異なる一種の奇妙な高揚感が見られるとすれば、それは、ファノンとの濃密な会話の思い出が反映しているからかもしれない（ファノンは六一年十二月六日に逝去）。

いずれにせよ、これら一連のテクストの執筆を通して、サルトルは自らの青春時代や実存主義全盛期のことに思いを馳せずにはおれなかったはずだ。これらの文章に通底するのは、政治にたいしてどのように向き合うべきかという問題であり、一言で言えば、歴史のうちにおけるサルトル自身の主体性の問題だったからである。

❖ローマ講演の概要とその射程

主体性という問題構成

六〇年はじめの世界情勢とサルトル自身の生活を概観したわけだが、それを踏まえて、あらためて講演の内容を確認することにしよう。ローマ講演で、サルトルのマルクス主義にたいする基本的なスタンスに大きな変更が見られるわけではない。『方法の問題』で主張したように、サルトルはマルクス主義が客観性のみを標榜し、人間の主体性を等閑視する点を批判し、主体性の重要を強調しているからである。ただ、この講演に新しい点があるとすれば、それは主体性とは何であるかということをさまざまな具体例を提示することで、きわめて明示的に説明しようとしていることである。

全体の流れを概観する前に、誤解を避けるために、二つのことを確認しておきたい。第一に、サルトルの現象学的思考は、まずなんらかの主体があって、それが客体（あるいは世界）と出会い、客体を認識するという構図とはまったく異なる考えだということである。なぜなら、主体と客体というのは、むしろ現象あるいは意識というものの二つの相関項なのであって、まずもって意識と世界があって、その後に関係性に入るわけではないからである。じっさい、本講演でも客体＝対象（objet）という言葉は用いられても、主体（sujet）という言葉はほとんど出てこない。第二に、本講演で問題になっているのは、主体性＝主観性（subjectivité）であるが、これをサルトルは内面化ないしは媒介作用というある種のシステムだと考えていることである。

マルクスが『経済学・哲学草稿』で述べた「全体的人間（ein totaler Mensch/homme total）」という表現に注目することから講演は始められる。人は事物を欲求するが、その事物は他人の労働の生産物であり、それを人は享受するという仕方で内的に所有するという、欲求＝必要（besoin）、労働（travail）、享受（jouissance）という三つの項からなる弁証法というかたちでサルトルは説明する。言い換えれば、人間とは、欲求をもち、欲求を満たすために労働により生産し、その結果である経済的過程のうちで、欲求を満たす（享受する）のである。このことを確認したうえで、サルトルはこれを、人間と物質的世界（社会）との綜合関係、またその関係をとおした人間同士の媒介された関係だと敷衍する。さらに、これを現象学的に捉え直し、この構造は、人間存在が対象と関わる基本的な様態なのだとする。つまり、「意識とは自己ではない何ものかについての意識である」という前期サルトルの主導的概念によって、物質性を二つの外在性に区別するのである。「一方に、内部の外在性、こちら側の外在性、手前の外在性」があるとされるが、これはきわめて単純化すれば、自分の身体に代表される個人を構成する物質性だと言えるだろう。他方、「あちら側の外在性」とされるのが、自己の身体以外のあらゆる物質である。ところで、有機体としての身体は、外部にある物質を自らに取り込んだり、利用したりする「欲求＝必要（besoin）」によってのみ、生命体としての自己を維持することができる。後にサルトルが強調するように、自己の身体以外の物質はただ素直に取り込まれたり、利用したりするのではなく、かならずそれ自身の物質的要求（exgience）を抵抗力として示すのだが、さしあたりここで重要なのは、身体とそれ以外の物質という二つの超越性を媒介する契機があり、これが内面性（これも通俗的な表現で言えば、自己なり意識ということになるが、サルトルはこのような表現を周到に避ける）と呼ばれるものであることであり、主体性（主観性）というものが垣間見られるとすれば、この媒介作用のうちにあるということである。

〈非－知〉

ここで再び、『存在と無』で展開されたサルトルの対自の構造を確認しておけば、対自存在あるいは意識は、あくまでも対象に関する措定的な意識なのであって、そのままでは自己意識ではないとされていた。つまり、意識という言葉が通常思い起こすのとは異なり、ここで問題となっているのはいわゆる対象の認識であって自己認識ではない。〈非－知（non-savoir）〉という表現が現われるのはまさにこのような文脈においてである。ある行動をしているとき、意識はあくまでも、その行動の対象を措定的に捉えているのであって、行動している自分自身を措定的に捉えてはないし、自身を捉えようとするとむしろ行動がうまくできなくなってしまうことがある、とサルトルは説明する。〈非－知〉とは、バタイユが用いている概念とそっくりそのまま同じではない。それでも、意識がつねに自己から逃げ去ること、知がたえずおのれの制御を逃れ、終わることなく書き直す運動をもつということ、それゆえ絶えざる自己変容は、けっして意志や意図の次元にはないこと、これこそが、サルトルが初期の『自我の超越』で強調していたことでもあった。このような意識の非人称性ないしは前人称性（これはドゥルーズがサルトルにおいてもっとも共感する部分でもあった）が、ここで、きわめてバタイユ的な言葉で説明されていることは、注目すべきことであろう[16]。

このように、人間が自ら主体的に行動しているにもかかわらず、その主体性そのものについては無意識的であるのは、あるいは、認識が及ばないのはなぜかということをサルトルは、複数の例を用いて説明する。第一の例は、反ユダヤ主義者の例である。これは『存在と無』では、おそらく「自己欺瞞[17]」というかたちで記述されていた例にきわめて近いものだろう。ここで重要なのは、自分で意識してもおらず、認識してもいなかった主体性が、なんらかのきっかけで意識され、捉えられると、そのことによって人は変わらざるをえないという点である。その意味で、この事態は『存在と無』で素描されながら、明確には展開されていなかった「浄化的反省」にあたるものと言うことができよう。この点を補強するために、サルトルが持ち出すのが、スタンダールの二つの小説である。端的に言えば、ここで問題になっているのは、ある事象は、名指されることで意識される、あるいは認識の対象となり、それによって必然的に、この事態にたいする私たちの態度に変容をもたらすということである。

その後、個人の見解ないしは意識のレベルに留まっていた〈非－知〉の問題を、身体性、社会性、歴史性という要因も含めて分析するために、サルトルはさらに三つの観点から考察を加える。まずは、「半盲症」が例としてあげられるが、これは、すでに見た身体という物質性が、外部の物質性と関係し、それを媒介する際に生じる主体性の例として持ち出される。きわめてメルロ゠ポンティの思考に近いこのくだりで、サルトルが主張するのは、肉体の器質的損傷がそのまま認識のレベルに反映するのではなく、肉体の欠損をなんらかのかたちで補おうとする働きが主体によって意識されることなく行なわれているということであり、そこに〈非‐知〉があるとされる。

独自‐普遍

それに続いて、サルトルは、人間がそれぞれの状況において独自な仕方で、事実性を乗り越えていこうとするのかということを、社会的個人史の記述とでも呼べる仕方で行なうことになる。これこそ、晩年のサルトルが「独自‐普遍（universel singulier）」という概念で取り上げた問題構成にほかならない。まったく同じ社会状況に置かれたとしても、個々人がそれぞれ主体的に行動するのはなぜなのか、そしてそれが本人にはある意味でまったく意識されていない〈非‐知〉のはなぜなのか。この点が、友人ポール（実際にはミシェル・レリス）の例を用いて分析される。これは、観点を変えれば、サルトルが遡行的かつ前進的方法（訳註＊35を参照）と呼んだアプローチの実践だということができようが、ここでサルトルが強調するのが、反復（répétition）と案出（invention）という、個人の行為を方向づける二つのファクターである。

主体性にはいくつかの次元がある。一方には、個人はみずからの階級存在を無意識のうちで反復せざるをえないということがある。これは『存在と無』では、対自の事実性として記述されていたもの、つまり、それぞれの文化的・社会的・歴史的背景と言ってもよいだろう。個人的な実践が自由であると言っても、サルトルは各人の実践が行なわれる状況を無視するわけではないのだ。しかし他方で、新たな状況のうちでそのつど自由な案出をしながら行動するのだ、ともサルトルは指摘する。つまり、各自の個人的な実践における主体性の問題は、本人には意識されることがないとしても、このような反復と案出のうちに炙り出されるということである。

そして、その点を踏まえて、最後に問題にされるのは、このような自己と世界との関係が、ある種の投影関係にあるということで、これはロールシャッハ・テストを例に説明される。すなわち、主体性とは、いわば手前の存在（自己の身体性・物質性、さらにはそこに沈殿したハビトゥス）が、彼方の存在（目の前にある世界、加工された物質）へと投影されたものであると言える。このような、二つの外在性を媒介する内面性（しかし、それ自身は直接的には非‐知である）があり、これを無視した純粋に客観的な物質的プロセスなどはありえない、この点こそが主体性を考察する際に重要なことだ、とサルトルは強調するのである。

あらためて階級の問題を考える

以上の考察からサルトルは、社会的なものについての弁証法的認識にとって、主体性は不可欠であるとした上で、真の意味で存在するのは個々の人間だけで、集団的な大きな形態など存在しないと断言することになる。そして、個々の人間が、階級存在や歴史といった大きな形態についての媒介となり、それゆえ、歴史的生のうちに自らの存在を投影するのだと明言するのだが、そこにはいまひとつの留保がある。というのも、自らの存在を投影する仕方は、本人が組み込まれるあり方によっているからである。

このことを示すために、サルトルは『弁証法的理性批判』から一例を取り出す。第一部「個人的実践から実践的＝惰性態へ」C「全体化された全体性としての物質について、および、必然性の最初の経験について」第四節「物質性としての社会的素材、特に階級的存在について」の例である。この部分は、従来のサルトル研究では注目されることが少なかったとはいえ、人間と世界との具体的な関係が、まさに階級存在の分析を通じて行なわれていて、きわめて興味深い。私たちの労働条件が、もつことができる子どもの人数も含めて、私たちの生活の多くのことをいかに規定しているのか、そして、それにもかかわらず、こういった状況にたいして個々の存在がいかに独自に対応するのかが考察されており、現代の状況に置き直しても、ただちに示唆を受けることが多いくだりである。いまひとつは、十九世紀末の「熟練工」とその労働環境がいかに「階級意識」と連関していたかに関してであるが、そこでは、回顧的錯視に陥ってはならない、とサルトルは警告している。つまり、現在から見て、いかに過去の運動なり行動が限界をもっているように見えても、それを現在の視点から無価値だったと判断してはならないと言うのである。

こうして、人間存在が、そのつど自らの階級存在を独自に創造する、あるいは独自化するという点に主体性の意味が認められることで講演は閉じられる。最後の二つの例に関しては、『弁証法的理性批判』の記述に立ち戻って読めば、二十一世紀の私たちの労働環境や社会状況に読み替えることはじゅうぶん可能であり、その点でもきわめて示唆的な部分である。

このように見てくると、「あとがき」でジェイムソンも述べるように、この講演には単に歴史的な意義だけでなく、さまざまな意味でアクチュアルな意義があることがわかるだろう。

❖ローマ講演で参照される用例の背景にあるもの

講演の内容を敷衍してみたが、その際に参照される例が相互には直接関係がないように見えるため、読者としては話を追いにくいことは否めない。なぜ、このような一見何の脈絡もないような例が次々と繰り出されるのだろうか。以下は私見にすぎないが、その背景を少し考えてみたい。

ルカーチとの確執

サルトルの講演は、ルカーチ批判によって始まるが、そのこと自体はさして驚くべきことではない。二人は一九四六年以来の論敵であった[18]。ルカーチが『実存主義かマルクス主義か』でサルトルの立場を、「虚無の神話」「自由の物神」として厳しく批判したのが皮切りだが[19]、その後も正当マルクス主義の理解をめぐって二人の意見は対立した。そして『方法の問題』でサルトルは改めてルカーチの批判に答えて、実存主義の意義を説いたのであった。したがって、講演でのルカーチ批判は、その延長線上にあると言える。だが、ルカーチがここで呼び出されるのは、そのためだけでなく――これは推測の域を出るものではないが――一九六〇年に出版されたルカーチの『歴史と階級意識』の仏訳に刺激を受けたためではなかろうか。一九二三年にドイツ語で出版されたこの著作には、一九一九年から二二年までのあいだに書かれた論考が収められているが、ルカーチはそこで主体性の重要性に注目しており、編者も指摘するように、サルトルの立場と真っ向から衝突するわけではない。

ルカーチの階級意識論の特色は、客体の側つまり社会の構造、または同じ社会でも階級を異にすると、階級意識の在り方がどのようにちがうのかを、弁証法によって分析した点にある。それまでマルクス主義の理論では、主に客観的な過程の分析に焦点がおかれ、その過程が意識においてどのように現われ、そしてこの階級意識が現実においてどのような役割を果たすのかについてはあまり研究されていなかった。その意味で、この点を明確にしようとするルカーチは、新しい問題提起をしていると言うべきだろう。しかし、サルトルはそれでは満足せず、ここでの階級意識があくまで外在的・超越的なものに留まっていて、階級存在（サルトルはこちらの言葉のほうを用いる）が、じつは各人の主体性との関係で、それに向かって「なるべき」存在なのだという、主体性の側面を見落としているとして批判するのである。

メルロ＝ポンティとレリス

一方、半盲症の例が出てくるのは、メルロ＝ポンティを意識してのことではなかろうか。すでに述べたように、追悼文「生けるメルロ＝ポンティ」は、たいへん苦労しながら執筆されたものだが、そこでサルトルは、自分の思想の展開と平行させながら、盟友の仕事を三つの時期に分けて、詳細に検討している。ところで、『存在と無』以降のサルトルからは想像がつきにくいかもしれないが、じつは、サルトル自身もその初期においては心理学に強い関心を抱き、当時の先端的な著作を渉猟していたのである。『弁証法的理性批判』の時点では、心理学的関心からかなり離れていたサルトルが、ここであえて半盲症を取り上げているのは、この追悼文と関係があると推測すると、少しは説明がつくように思われる。

それでは、ミシェル・レリスの例はどうだろうか。ボーヴォワールの回想録にも出てくるが、サルトルとボーヴォワールは、ドイツ軍占領下のパリでレリス夫妻と頻繁に交際しており、その流れで、『レ・タン・モデルヌ』誌立ち上げの際には、計画時からレリスは積極的に参加していた。その後、やや疎遠となっていたものの、この時期、アルジェリア戦争関係で、サルトルとレリスは再び頻繁に会うようになったことも一因だろう。もう一方で、シュルレアリスムへの牽制が、ここでも意識されているようにも思われる。『文学とは何か』の単行本化の際に追加された長文のシュルレアリスム批判はよく知られているが、共産党と文学というトポスは、実存主義に先駆けてシュルレアリスムが素描していたものであり、サルトルが陰に陽にブルトン批判を繰り返すのは、このような政治的意図があるものと考えることもできるだろう。

他方、討議の部分で名前が挙げられる物理学者ジャン＝ピエール・ヴィジェは、六〇年十一月十八日にサルトルらが立ち上げた反ファシスト連合の主要メンバーであり、この時期に頻繁に会っていた。だとすれば、集会などの機会に科学と哲学との関係などが議論されることもあっただろうし、そういった会話が甦ってきたのかもしれない。

むろん以上の事実関係から推測された要素のみをもって、これらの固有名詞や事象が引き合いに出されることの説明にはならないだろうが、当時のサルトルの実生活や状況がこの講演には見え隠れするように思われるのである。

討議をめぐって

その討議の部分についても簡単に触れておこう。サルトルの講演会に対するイタリアの共産党系知識人の反応は、数学者ロンバルド・ラーディチェによる自然弁証法、客観弁証法、主観主義などに関する指摘に対するサルトルの返答によって始まるが[20]、講演中に十分展開できなかった部分の補足となっていて内容の理解に役立つだけでなく、科学と哲学の関係に関してサルトルがどのように考えていたのかがわかる貴重な発言を含んでいる。その後、話は弁証法の位置づけ、哲学者セメラーリによる『弁証法的理性批判』へのコメントなどを経て、芸術と主体性の関係というきわめて興味深い問題構成へと移動していく。ここでは、後の『家の馬鹿息子』で分析されるフロベールと現実との関係など、サルトル晩年の思想に通じる主題が素描されているだけでなく、美学、言語学、精神分析の問題などにも話がおよび、『文学とは何か』以降のサルトルの文学・言語観を知る上できわめて重要な資料となっていると言えよう。なかでも、すでに指摘した「独自－普遍」というサルトル最後の中核概念を理解するために、ここで例示されているセルバンテスなどの例はきわめて適切かつわかりやすいものである。また、芸術と倫理の関係も素描されている点でも、後期サルトルの文学・倫理思想を論じる際には、参照すべきものになるだろう。いずれにせよ、討議は最終的には、客観性と主体性の関係に戻り、うまく円環は閉じられている。

以上、本書を読むための道しるべになればと、簡単に内容を要約し、時代背景などに関して補足的な説明を試みた。とはいえ、本書の魅力はその思想的内容のみならず、講演で言及される例や、討議におけるやりとりの機微などの細部にもある。舌鋒鋭いサルトルの話術が、拙い翻訳からでも読み取れ、読者の方に味わっていただけることを祈るばかりである。

＊

本書には、編者も記しているように、Aut-Aut 誌一三六・一三七合併号に掲載されたイタリア語版[21]があるほか、New Left review 誌 八八号（二〇一四年七～八月号）にサルトルの講演の英訳とジェイムソンのあとがきが収録されているので、参考にした部分もある。イタリア語の単行本が刊行予定[22]であるが、本翻訳の作業には間に合わなかったため、参照できなかった。また、『レ・タン・モデルヌ』誌収録のサルトルの講演と、本書の間には異動はほとんどなかった。雑誌収録時に附されたミシェル・カイルの解説は、本書のものと基本線は同じながら、細部は異なっていることを記しておく。

最後に、翻訳作業の進め方に関して、簡単に述べておきたい。作業にあたっては、まず水野が全文を訳しあげ、その訳文を澤田が原文と照合し、訳語の選択も含めて検討して初稿を仕上げ、その訳稿を両名で協議・推敲するかたちを取った。ただし、翻訳の最終的な責任は澤田にある。なお、その間、現在サルトルを主題に博士論文を準備中の若き研究者たちに原稿に目を通してもらい、貴重な意見や指摘を寄せていただいたことは幸いであった。協力してくれた院生諸君に心より感謝します。とりわけ関大聡さんには原文と訳文を丁寧に照合してもらい多くの貴重な指摘をしてもらった。そのほか、ポーランド文学や言語学、当時のイタリアの事情など、わからない分野に関しては多くの知人友人にご教示をいただいた。お一人お一人のお名前を上げることはしないが、心より御礼申し上げます。とはいえ、訳者の浅学非才ゆえ、なお多くの誤解や誤読なども含んでいることであろう。読者諸氏のご叱正とご教示を賜ることができれば幸いである。

本書の企画は二〇一四年五月に立ち上がった。かねてよりサルトル研究者のあいだで「六一年ローマ講演」という通称のもと、重要な文献として知られる本テクストの翻訳の打診を受けたときには、渡りに船と引き受けたものの、同時に、この難解なテクストを短時間で仕上げるのは難しいのではなかろうかという危惧が浮かんだ。お世話になっている白水社の一〇〇周年に間に合わせたいという一心で今までになく速いペースで脱稿ができたのは、なによりも共訳者の水野浩二さんのポンクチュアルで丁寧なお仕事のお蔭である。そして、白水社編集部の和久田頼男さんの粘り強い対応と、適切なアドバイスがあって完成にこぎ着けることができた。この場を借りて、お二人に心より御礼を申し上げます。

なお、本書の翻訳および解説執筆の一部は、ＪＳＰＳ研究費15K02390（研究代表者、澤田直）、ＪＳＰＳ研究費25370002（研究代表者、村松正隆、研究分担者、水野浩二ほか三名）の助成を受けたものであることを記し、感謝します。

注

1 シモーヌ・ド・ボーヴォワール『或る戦後』下（朝吹登水子・二宮フサ訳）、紀伊國屋書店、一九六五年、三二六頁。

2 この滞在に関してはボーヴォワールが詳しく証言している。『或る戦後』上（朝吹登水子・二宮フサ訳）、紀伊國屋書店、一九六五年、一〇五～一一五頁。

3 『或る戦後』下（前掲書）七九頁。

4 この短編は、最終的には短篇集『壁』に収録されなかったものの、現在では以下の本で読むことができる。«Dépaysement», *Œuvres romanesques*, édition établie par Michel Contat et Michel Rybalka, Gallimard, coll. «La Pléiade».1981. ナポリ体験がいかに強烈なものだったかは、サルトルが当時の恋人オルガにナポリから長文の手紙（邦訳にして二段組二七頁）をしたため、つぶさに見聞を報告している事実からも窺える。

5 一九九一年に遺稿が編集公刊されたが、未邦訳。*La Reine Albemarle ou le dernier touriste, fragments*, texte établi et annoté par Arlette Elkaïm-Sartre, Gallimard, 1991.

6 ともに『シチュアシオンⅣ』所収。

7 編者ミシェル・カイルは、サルトルは、フランスのマルクス主義者とは完全に没交渉であったかのように書いているが、ローマ講演の数日前、十二月七日には、パリの共済（ミュテュアリテ）会館でマルクス主義研究所主催の公開討論会に出席、ロジェ・ガロディーやジャン・イポリットなどと弁証法の問題について議論を闘わせている。

8 「パルミーロ・トリアッティ」（鈴木道彦訳）『シチュアシオンⅨ』（人文書院、一九六五年）一二〇頁。

9 『或る戦後』下（前掲書）一一四頁。

10 二つのローマ講演に関しては、水野浩二『サルトルの倫理思想』（法政大学出版局、二〇〇四年）に詳しい。

11 ルポリーニの講演は、セルジオ・フィリッポ・マーニの編纂によって以下のサイトで読むことができる。http://www.fupress.net/index.php/adf/article/viewFile/1972/1894

12 UA130, 131 でタイトルはどちらも «Convegno 'Il problema della soggettività'. Roma 12-13 dicembre 1961....»、一三〇は講演準備のための書簡、一三一は講演記録で、以下の三点。1) "Incontro con Jean Paul Sartre (1° bobina parte 1° e 2°) 1961": trascrizione degli interventi e della discussione. 2) "Dibattito con Sartre. Interventi in francese [...]": trascrizione con correzioni manoscritte. 3) "Incontro con Jean Paul Sartre 1961 (2° bobina - 1° parte 2° parte)": trascrizione degli interventi e della discussione con correzioni manoscritte. どちらも、録音したものからの書き起こし原稿（手書き修正あり）のようである。なお、現物を見ることができていないので、本書に収録されていない討論が、他にどのくらいの分量があるのかはわからない。

13 なお「フランス・ソワール」紙は毎回、記事内容についてはサルトルの個人的見解で同紙は内容に責任をもたない旨を明記した上で掲載した。このルポルタージュは、四六年のアメリカ滞在時のルポルタージュ記事と同様、生前に単行本に収録されることはなかった。

14 Unità, 1961 /12/12 付け。編者が討議は十三日の午前中と記しているのは、午後はこの集会があったためだと推測される。

15 サルトルの養女アルレット・エルカイムは次のように証言している。「サルトルはこれを書くのにたいへん苦労しました。彼にとってこれは、どうしても通り抜けなければならない道でした。一九六一年の夏の間、このテクストに手間取って、コリドランをたくさん飲みました。たいへん苦しんだのです」アニー・コーエン＝ソラル『サルトル伝 一九〇五－一九八〇』下（石崎晴己訳、藤原書店、二〇〇五年）八九五頁。また、現在では破棄された第一稿を読むことができる。«Merleau-Ponty. (Première version, manuscrite)», *Les Mots et autres écrits autobiographiques*, édition publiée sous la direction de Jean-François Louette, avec la collaboration de Gilles Philippe et de Juliette Simont, Gallimard, coll. « La Pléiade », 2005.

16 サルトルが「新しい神秘家」で、バタイユが「非－知」や「無」を実体化していると言って、批判していることはよく知られている。二人の関係に関しては、岩野卓司「不可能な交わりがもたらしてくれる可能性について　サルトルとバタイユ」澤田直編『サルトル読本』（法政大学出版局、二〇一五年）が詳しい分析を試みている。

17 mauvaise foi とは自分自身に嘘をつくこと。意識がその否定を外に向けるのではなく、自己自身に向けること。自己欺瞞はひとつの逃亡であり、その目的は自らを即自存在として扱うことである。

18 二人の思想的対決に関しては以下が詳しい。Vincent Charbonnier, «Sartre et Lukacs : des marxismes contradictoires ?», Emmanuel Barot. *Sartre et le marxisme*, La Dispute, pp.159-178, 2011.

19 一九四九年、ルカーチはパリを訪れ、各所でサルトル批判の講演を行なった。それにたいして、サルトルは反論を「コンバ」紙上でインタビューのかたちで応酬している。しかし、この時には実際に相まみえることはなかったようだ。

20 ただし、Aut-Aut 掲載の記録によれば、ロンバルド・ラーディチェの前に、ルポリーニが発言したようである。Aut-Aut, p. 152.

21 この号は、Sartre dopo la «Critique»（『批判』以後のサルトル）と題された特集号であり、サルトルの講演および討論の一部 (p. 133-158) だけでなく、エンゾ・パーチの「サルトルにおける否定 (La negazione in Sartre)」をはじめ、イタリアの研究者により計七本のサルトル論が寄せられている。

22 Jean-Paul Sartre, *Soggettività e marxismo. La conferenza di Roma del 1961*, Marinotti.

バルトリ Matteo Giulio Bartoli　196
バンヴェニスト Émile Benveniste　205
バンディネッリ Bianchi Bandinelli　76, 123, 130, 131, 142, 196, 207
ピオヴェーネ Guido Piovene　24, 76, 98, 109, 128, 129, 144, 196
ヒトラー Adolf Hitler　196
ピランデルロ Luigi Pirandello　137, 205
ファリーナ Gabriella Farina　188
プーシキン Alexadre Pouchkine　147-149
フェッサール Gaston Fessard　90, 193
フォイエルバッハ Ludwig Andreas Feuerbach　105
フッサール Edmund Husserl　87, 193, 201
ブハーリン Nikolaï Boukharine　198, 199
ブラウニング Robert Browning　138, 144, 197
ブランディス Kazimierz Brandys　126, 204
フルシチョフ Khrouchtchev　178, 194, 204
ブルトン André Breton　58, 203, 218
フレース Geneviève Fraisse　188
プレハーノフ Georgij(Gueorgui) Plekhanov　133
ブレヒト Bertolt Brecht　137
フロイト Sigmund Freud　183
フロベール Gustave Flaubert　110, 115-119, 121, 122, 124, 125, 129, 130, 133, 135, 136, 149-151, 175, 197, 219
フンボルト Wilhelm von Humboldt　138, 197
ヘーゲル Georg Wilhelm Friedrich Hegel　17, 18, 78, 86-88, 90, 92, 103, 106, 140, 175, 178, 182, 183, 195, 201
ペトラルカ Pétrarque(Francesco Petrarca)　147
ベルトーニ Giulio Bertoni　141, 197
ボーア Niels Bohr　191
ボーヴォワール Simone de Beauvoir　13, 21, 188, 202, 203, 207-209, 212, 218, 221
ボードレール Charles Baudelaire　151, 206
ボワ Jacqueline Bois　186

マ行

マイケルソン Albert Michelson　169
マイニ Roberto Maini　196
マヤコフスキー Vladimir Maïakovski　137, 146, 147, 205
マルクス（マルクス主義）Karl Marx　7-9, 11, 12, 22, 23, 27, 29, 30-35, 39, 73, 77, 82, 84, 86, 92, 100-109, 115, 123, 131, 137, 140, 152, 155-159, 175-179, 182, 184-186, 189, 193-195, 197, 198, 201, 204, 205, 207, 210-213, 217, 221
マルティネリ Renzo Martinelli　196
ムッソリーニ Benito Mussolini　196, 199
メルロ＝ポンティ Maurice Merleau-Ponty　11, 12, 89, 101, 166, 202, 204, 211, 212, 215, 218
モーリー Edward Morley　169
モムゼン Theodor Mommsen　135, 141, 149, 197
モランジュ Morange(Pierre Morhange)　40, 41

ラ行

ラーディチェ Lucio Lombardo Radice　24, 76, 77, 85, 88, 190, 208, 218, 222
ラカン Jacques Lacan　177, 183
ラザール Marc Lazar　7, 200
ラシルド夫人 Rachilde　203
ラッセル Bertrand Russell　198
ラマルチーヌ Alphonse de Lamartine　146, 147
ランズマン Claude Lanzmann　188
リゴー Jacques Rigaut　202
ルイ・ド・ブロイ Louis de Broglie　79, 198, 203
ルカーチ György(Georges) Lukács　8-12, 17-20, 29, 31, 32, 39, 72, 98, 103, 155, 178, 193, 201, 217, 222
ルフェーブル Henri Lefebvre　91, 202, 204
ルポリーニ　Cesare Luporini　24, 76, 88, 89, 99, 109, 114, 131, 132, 150, 152, 155, 160-169, 176, 193, 209, 221, 222
レヴィ＝ストロース Claude Lévi-Strauss　92, 204
レーニン Lénine　103, 105, 107
レチフ・ド・ラ・ブルトンヌ Nicolas Edme Restif(Rérif) de la Bretonne　151, 206
レリス（ポール）　Michel Leiris　58-63, 65, 66, 149, 183, 189, 202, 203, 215
ロヴァッティ Pier Aldo Rovatti　188
ロストフ（ナターシャ）Natacha Rostov　133, 197
ロセ Clément Rosset　201
ロベスピエール Robespierre　86
ロヨラ Saint-Ignace de Loyola　90, 193

人名索引

ア行
アクセロス Kostas Axelos 9, 186
アラゴン Louis Aragon 59, 203, 205
アリエス Philippe Ariès 97, 204
アリカータ Mario Alicata 24, 76, 123, 126, 131, 133, 196, 207, 208
アリストテレス Aristote 13
アルチュセール Louis Althusser 178
イポリット Jean Hyppolite 195, 221
ヴァレンティーニ Francesco Valentini 17, 24, 76, 85, 191-193
ヴィーコ Giambattista Vico 176, 218
ヴィエィユカーズ Nicolas Vieillescazes 188
ヴィジエ Jean-Pierre Vigier 161, 170, 198
ウェルギリウス Publius Vergilius Maro 198
エディントン Arthur Eddington 79, 191
エンゲルス Friedrich Engels 11, 186, 189, 199

カ行
カイル Michel Kail 5, 24, 188, 201, 207, 219, 221
カエサル César 135
カルドナ Cardona 24
カント Emmanuel Kant 18, 89, 91, 108, 176-178, 186, 203
キュリー Jean Frédéric Joliot Curie 198
キルケゴール Sören Kierkegaard 106, 195
キルヒマイヤー Raoul Kirchmayr 5, 207
グットゥーゾ Renato Guttuso 76, 113, 142, 196, 197, 208
グラムシ(グラムシ研究所) Antonio Gramsci 7, 8, 23, 140, 141, 175, 178, 188, 197-199, 201, 207-209, 211
クローチェ Benedetto Croce 124, 138, 142, 196, 197
ゲーテ Johann Wolfgang von Goethe 182
コルシュ Karl Korsch 9
コレッティ Lucio Colletti 24, 89, 176, 193

サ行
サボ Tibor Szabó 24, 188, 201
サン＝ポル・ルー Saint-Pol Roux 203
シェイクスピア William Shakespeare 147
ジェイムソン Fredric Jameson 173, 216, 219
ジッド André Gide 119, 196
シュレディンガー Erwin Schrödinger 204
スターリン Staline 105, 178, 194, 204, 205
スタンダール Stendhal 45, 202, 214
セメラーリ Giuseppe Semerari 24, 76, 100, 193, 194, 219
セルバンテス Miguel de Cervantes 154, 219
ソシュール Ferdinand de Saussure 145, 205

タ行
タマシア Paolo Tmassia 188
チェシコフスキ（伯爵） le Comte Cieszkowski 182
チボーデ Albert Thibaudet 130, 135, 197
デカルト René Descartes 179
デューイ John Dewey 106, 108, 195
デュルケーム Émile Durkheim 68
デラ・ヴォルペ Galvano Della Volpe 24, 76, 88, 130, 131, 134, 136, 142, 143, 152, 155, 176, 197
ドゥルーズ Gilles Deleuze 177, 178, 214
ドゥルダール Gérard Deledalle 195
トゼル A.Tosel 193
ドリール Jacques Delille 143, 198
トリオレ Elsa Triolet 146, 205
トルストイ Léon Tolstoï 132-134
トロツキー Trotski 61

ナ行
ニュートン Isaac Newton 169

ハ行
パーチ Enzo Paci 24, 86, 124, 135, 176, 209, 222
ハイゼンベルク Werner Heisenberg 77, 79, 191
ハイデガー Martin Heidegger 82, 179-181, 200, 203
バウアー Bruno Bauer 186
パヴェーゼ Cesare Pavese 201
バタイユ Georges Bataille 200, 205, 206, 214, 222
バディウ Alain Badiou 177
バリバール Étienne Balibar 177, 193
バルザック Honoré de Balzac 127

訳者略歴

澤田直

一九五九年生まれ。パリ第一大学哲学科博士課程修了、博士（哲学）。現在、立教大学文学部教授。著書に『〈呼びかけ〉の経験　サルトルのモラル論』『新・サルトル講義　未完の思想、実存から倫理へ』『ジャン＝リュック・ナンシー　分有のためのエチュード』『サルトル読本』（編著）など。訳書にサルトル『言葉』『自由への道』（共訳）、ナンシー『自由の経験』、フォレスト『さりながら』『荒木経惟　つひのはてに』『夢、ゆきかひて』（共訳）など。

水野浩二

一九五二年生まれ。北海道大学大学院文学研究科哲学専攻博士後期課程単位取得満期退学、博士（文学）。現在、札幌国際大学人文学部教授。著書に『サルトルの倫理思想——本来的人間から全体的人間へ』、訳書にA・ルノー『サルトル、最後の哲学者』、J・ヴァール『具体的なものへ』ほか。

主体性《しゅたいせい》とは何《なに》か？

二〇一五年一〇月二〇日　印刷
二〇一五年一一月一〇日　発行

著者　ジャン＝ポール・サルトル
訳者　© 澤田《さわだ》直《なお》＋水野《みずの》浩二《こうじ》
装幀　小沼宏之
発行者　及川直志
印刷所　株式会社　理想社
発行所　株式会社　白水社
東京都千代田区神田小川町三の二四
電話　営業部〇三（三二九一）七八一一
　　　編集部〇三（三二九一）七八二一
振替〇〇一九〇－五－三三二二八
郵便番号　一〇一－〇〇五二
http://www.hakusuisha.co.jp
乱丁・落丁本は送料小社負担にてお取り替えいたします。

製本所：株式会社松岳社
ISBN978-4-560-08461-8
Printed in Japan